여자 주인공만 모른다

재미있는 영화 클리셰 사전

듀나 지음

클리셰라는 것

1999년, 전 제 인터넷 게시판에 '클리셰 사전'이라는 섹션을 만들었습니다. 장르물을 쓰는 작가이고 장르 영화와 소설의 팬이었던 저는 장르물에 대한 토의에서 장르 관습이 오해되고 과대평가되거나 과소평가받는 것이 짜증 났습니다. 당시는 〈매트릭스 The Matrix, 1999〉에 대한 토론에 끼어든 인문학자들이 자기가 마치 처음 발견한 것인 양, 가상 현실과 장자의 호접몽을 비교하던 때였습니다. 그래서 한 번 이 진부한 관습들이 어떤 것인지 하나씩 설명하고 싶다는 생각이 들었습니다.

그러니까 이 책에 실린 글들은 대부분 십여 년 전에 쓰인 것들입니다. 당시만 해도 클리셰는 한국어 일상어에서 그렇게까지 잘 쓰이지 않은 단어라 심지어 클리셰가 무엇인지도 설명해야 했지요. 지금 같으면 다른 단어를 썼을 것 같기도 합니다.

출판을 목적으로 한 글이 아니라 이 글들은 조금 괴상합니다. 전 일단 독자들을 전혀 고려하지 않고 글을 썼어요. 여기 실린 사례들은 옛날 것들이기도 하지만 그냥 저의 경험을 반영한 것입니다. 남들이 별로 안 보았을 것 같은 텔레비전 시리즈나 영화가 많이 등장했던 것도 그 때문이죠. 진짜 진지한 사전을 의

도하지도 않았어요. 쓰면서 전 이 사전이 보르헤스가 언급한 우스꽝스러운 중국 백과사전과 비슷한 모양이 될 거라고 생각했습니다.

어쩔 수 없이 원고 일부는 수정할 수밖에 없었습니다. 어떤 글은 최근 사례로 바꾸었습니다. 어떤 글들은 20년 전에 제가 갖고 있던 편견이 너무나도 적나라하게 드러나서 수정했습니다. 어슐러 르 귄은 의견이 바뀐 뒤 과거의 글을 출판할 때 원래 글을 고치지 않고 그 옆에 그 글을 비판한 새 글을 추가했지만, 전 제 글이 그렇게까지 소중하거나 그렇지는 않습니다. 그 때문에 종종 글이 과거와 현재의 조각들로 겹쳐진 프랑켄슈타인의 괴물 비슷해지긴 했습니다만.

밑은 과거 제가 '클리셰라는 것'이라는 제목을 달고 썼던 글입니다. 당시엔 얼마나 나이브했었는지.

이 섹션에서는 '클리셰 Cliché'라는 외래어를 제목으로 달고 있습니다. 유감스럽게도 잘 쓰이지 않는 단어라, 설명 없이 달아놨더니 꽤 많은 오해를 불러일으키고 있어요. 지금까지 해설 없이 버티려고 했지만, 계속 이러다간 일이 더 커질 것 같습니다. 간단하게 구별할 건 구별하고 정의할 건 정의해야겠어요.

우선 클리셰가 학문적 용어가 아니라는 점부터 짚고 넘어가야겠습니다. 이 페이지에서도 어떤 학술적인 용도로 쓰이고 있지 않고요. 이 단어는 그냥 일상어의 일부입니다. 단지 적절한 번역어를 찾을 수 없어서 그냥 불어 단어를 그대로 쓰고 있는 것일 뿐이에요(어떤 분은 '진부함'을 쓰는 게 어떠냐고 제의하셨지만 아무래도 의미가 축소됩니다. '진부함 사전'이란 말도 어색하고요.) 이 단어가 지독하게 잰 척하는 것처럼 보인다면… 내 탓이오, 내 탓이오, 내 큰 탓이로소이다.

어원, 네, 어원부터 짚고 넘어가 보죠. 클리셰는 19세기의 인쇄 용어에서 출발했습니다. 클리셰는 당시 인쇄공들이 활자판에 쉽게 끼워 넣을 수 있도록 미리 만들어놓은 조판이었습니다. 이게 19세기 말부터 보편적인 의미, 그러니까 별로 노력하지 않고 집어넣은 진부한 문구나 생각, 개념을 비유하는 말로 쓰이기 시작했습니다. 그게 오늘날까지 이른 것이지요.

다시 정리합니다. 현대어에서 클리셰란 무엇일까요? 그건 예전에는 독창적이었고 나름대로 진지한 의미를 지녔으나 지금은 생각 없이 반복되고 있는 생각이나 문구, 영화적 트릭, 그 밖의 기타 등등입니다.

반복된다는 것만으로는 클리셰라고 할 수 없습니다. 원래 우리는 그렇게 독창적인 존재가 아닙니다. 전도서의 저자가 말했듯이 하늘 아래 새로운 것은 없으니까요. 아직도 수많은 영화와 소설 속에서 수많은 사람들이 수없이 되풀이된 방식으로 사랑에 빠지고 결혼하고 이혼하지만 그걸 보고 클리셰라고 할 수는 없는 법입니다. 수없이 보고 들은 내용을 되풀이할 뿐이지만 〈밀회〉는 얼마나 강렬한 영화인가요.

클리셰의 특징은 '자기 생각 없이' 반복한다는 것입니다. 수많은 클리셰들이 장르 안에서 반복되는 것도 이 때문이라고 할 수 있지요. 진부한 작품 속에서는 진짜 정서와 아이디어 대신 공식과 규칙이 돌아다닙니다.

공식과 규칙 자체 때문에 작품이 따분해지는 것은 아닙니다. 클리셰의 생각 없는 차용이 따분한 이유는 그것이 기성품이기 때문이 아니라 진실성이 없기 때문입니다. 클리셰의 대부분은 말라붙은 배설물처럼 살아 숨 쉬는 진실성에서 떨어져 있습니다.

그렇다고 해서 클리셰가 쓸모없다는 것은 아닙니다. 진부함에는 나름대로의 매력이 있으니까요. 많은 장르 영화 관객들은 클리셰를 오히려 매력으로 받아들입니다. 그들에게 그것은 일종의 제식입니다.

많은 뛰어난 장르 작가들에게도 클리셰는 매력적입니다. 그들은 이 사랑스럽게 진부한 공식들을 멋대로 뜯어고치거나 아니면 극단적으로 충실하게 따라가며 즐깁니다. 놀이터는 충분합니다!

이 페이지에서는 될 수 있는 한 클리셰라는 단어를 넓게 해석하며 대상들을 다룰 겁니다. 어떤 경우에는 애정 섞인 회상이 될 것이고 어떤 경우에는 구토 증세를 말들로 간신히 옮긴 것이 되겠지요. 그러나 바닥에 숨겨진 공통된 메시지가 있습니다. 클리셰를 독창성으로 착각하지 말고 클리셰로 받아들이라는 것입니다.

”

공포 영화는 뻔해.

살인마에게 쫓길 때 꼭 현관문이 아니라
2층으로 도망가.

시드니 〈스크림 Scream, 1996〉

목차

ㅁ

ㅂ

ㅅ

ㅇ

일러두기 _ 표기법

영화 〈존 도를 만나라 Meet John Doe, 1941〉

도서 「잃어버린 지평선 Lost Horizon, 1933」

음악 [생도청의 아침]

드라마 〈프렌즈 Friends, 1994-2004〉

〈도깨비 2016-2017〉

〈SKY 캐슬 2017〉

대명사 '스타워즈', 〈스타트렉〉

에피소드 표기 다섯 번째 시즌, 11화 '에픽' 에피소드

01

감동적인 연설

프랑스 백년 전쟁의 아쟁쿠르 전투를 한번 떠올려보세요. 영국군은 막강한 프랑스군의 위세에 질려 움츠러들어 있습니다. 그때 우리의 핼 왕자… 아니 헨리 5세가 군인들 앞에 나서서 장엄한 연설을 하죠. 그 연설 하나에 듀라셀 바니*처럼 용맹해진 영국군은 전쟁터로 달려가 프랑스 군인들을 박살냅니다.

갑작스럽게 튀어나온 주인공의 장엄한 연설에 군중들이 힘을 얻는 장면은 아주 오래전부터 있었습니다. 지금 예를 든 것은 셰익스피어의 「헨리 5세 Henry V, 1599」지만 결코 처음의 예는 아니고 마지막 예도 아닙니다.

* 미국의 건전지 브랜드 듀라셀의 마스코트인 분홍색 토끼.

웅변은 언제나 좋은 예술 소재였습니다. 요새도 웅변술은 중요하지만 멀티미디어가 발달하지 못했던 옛날에는 더욱 중요했지요. 웅변술이 당시 사람들의 예술에 녹아들지 않았다면 오히려 그게 이상한 일이죠.

하지만 이런 장면이 유달리 자주 튀어나와 결국 사람들을 질리게 한 때가 있었습니다. 제2차 세계대전 전의 할리우드가 바로 그랬습니다.

1930년대는 얼핏 보기에도 험악한 시대였습니다. 대공황 직후의 사회 불안, 파시즘, 스페인 내란… 그리고 할리우드는 언제나처럼 여기서 소재를 찾아냈습니다. 30, 40년대에 나왔던 그 많은 할리우드 사회극은 그 결과였습니다. 이런 소재는 특히 워너 브라더스의 전문이었지요.

자유, 조국애, 평등과 같은 중요한 주제를 다루고 있었으니, 당연히 이 주제는 그에 걸맞게 장엄하고 엄숙하게 표현되어야 했습니다. 수많은 재능 있는 작가들이 '감동적인 연설 장면'을 만들어내기 위해 동원되었습니다.

프랭크 카프라*의 영화들에서 우리는 그 좋은 예를 찾아볼 수 있습니다. 〈스미스 씨 워싱턴에 가다 Mr. Smith Goes To Washington, 1939〉, 〈존 도를 만나라 Meet John Doe, 1941〉, 〈도시로 간

* 시칠리아 태생의 미국 영화감독으로 미국적 이데올로기를 잘 활용했다.

디즈 씨 Mr. Deeds Goes To Town, 1936〉, 〈멋진 인생 It's A Wonderful Life, 1946〉… 이 작품들은 모두 수많은 대중 연설 장면과 감동적인 대사들로 구성되어 있습니다.

카프라 영화의 대사들은 아주 훌륭하고 그 때문에 우리는 여전히 감동을 받습니다. 그러나 그건 그 작품들이 카프라의 영화이기 때문입니다.

다른 영화들은 〈스미스 씨 워싱턴에 가다〉보다 운이 좋지 못했습니다. 요새 이런 영화들의 장면을 보면 감동은커녕 우스꽝스럽습니다. 같은 장면들이 너무 많이 되풀이되었기 때문이기도 하지만 보다 중요한 이유는 그런 장면들이 진실하지 못하기 때문입니다. 이 지나치게 세련되고 감동을 쥐어 짜내려 기를 쓰는 할리우드식 연설들은 극중 인물의 캐릭터나 상황 따위는 완전히 무시한 독립적인 괴물이었습니다.

당연히 이런 연설들은 영화의 사실주의가 강화되면서 사라졌습니다. 요새도 연설 장면이 나오긴 하지만 대부분 보다 사실성과 캐릭터와의 일치에 신경을 쓰고 있어서 예전 영화들에서 느꼈던 거부감은 들지 않습니다. 프랜시스 포드 코폴라가 각본을 쓴 〈패튼 대전차 군단 Patton, 1970〉은 그 좋은 예입니다.

코미디 영화에서 '감동적인 연설'의 트릭은 아직도 자주 쓰이는 무기입니다. 갑자기 엄숙한 음악이 나오자 주인공이 심각한 표정으로 뚱딴지같은 소리를 늘어놓는 코미디 트릭은 정말 어디에나 있습니다.

'감동적 연설'의 방법을 소박한 방식으로 재현하는 영화들은 여전히 있습니다. 〈플레전트빌 Pleasantville, 1998〉의 법정 장면은 〈스미스 씨 워싱턴에 가다〉만큼이나 복고적입니다. 그건 각본가 게리 로스가 연설 작가이기 때문일 수도 있겠죠. 〈웨스트 윙 The West Wing, 1999-2006〉의 아론 소킨처럼 정치적 언어에 익숙한 작가들도 좋은 연설 장면에 능합니다. 하지만 소킨의 작품에 익숙한 관객들이라면 이 소킨스러움에 조금 질릴 수도 있겠어요.

후일담 〈아바타 Avatar, 2009〉에서 제이크 설리의 전쟁 연설은 게리 로스나 프랭크 카프라가 아닌 사람이 진정성만을 갖추었을 때 얼마나 심심한 결과가 나오는지 보여주는 대표적인 사례였습니다. 다행히도 제임스 카메론은 이 밋밋함을 커버할 컴퓨터 그래픽과 외계인 언어를 갖고 있었습니다.

02

게이 친구

〈내 남자 친구의 결혼식 My Best Friend's Wedding, 1997〉에서 가장 시선을 끌었던 배우는 줄리아 로버츠가 아니라 루퍼트 에버렛이었죠. 그 사람이 연기한 게이 남자 친구는 정말 인상적이었습니다. 무척 매력적이기도 했고요. 수많은 관객들이 "저런 게이 남자 친구가 하나쯤 있었으면 좋겠다"라는 생각을 품고 극장을 떴습니다.

그런데 생각해보면 '게이 남자 친구'들은 이곳저곳에 꽤 많이 보입니다. 〈내가 사랑한 사람 The Object of My Affection, 1998〉, 〈네 번의 결혼식과 한 번의 장례식 Four Weddings and a Funeral, 1994〉, 〈위험한 독신녀 Single White Female, 1992〉… 이곳저곳에서 게이 친구 또는 이웃들이 살짝 살짝 얼굴을 내밀고 있지요.

이들의 존재 이유는 뭘까요? 흠… 레인보우 커리큘럼이나 동성애자 군복무와 같은 게이 이슈에서 반대표를 던지는 사람들이 툭하면 하는 말이 있습니다. "나도 게이 친구가 있어요!" 다시 말해 이들은 '게이 친구'를 내세워서 자신의 입장이 '차별'이 아니라는 걸 증명하려 했던 것이죠. 아마 60년대에 인종 분리를 주장하던 많은 사람은 "나도 흑인 친구가 있어요!"를 방패막이로 삼았을 겁니다.

'게이 친구'의 가장 일차적인 목적은 자신의 정치적 공정성을 증명하기 위한 것입니다. 가장 노골적인 예는 〈네 번의 결혼식과 한 번의 장례식〉입니다. 〈노팅 힐 Notting Hill, 1999〉에서도 느끼셨겠지만 리처드 커티스의 각본은 종종 이런 '공정성'에 의식적으로 치중하는 경향이 있습니다. 불만은 없어요. 약간 간지러운 구석이 있지만 결과는 좋으니까.

게다가 게이 친구는 '쿨'하기도 합니다. 특히 90년대에 와서 동성애 문화는 상당히 세련된 유행으로 자리를 잡았으니까요. 유행 따라 동성애자가 될 수는 없어도 그 유행을 따르는 동성애자를 한두 명 알고 지내면서 그 '쿨'함을 물려받을 수 있지 않겠어요?

게이 남성과 스트레이트 여성이 결합하면 (〈내가 사랑한 사람〉, 〈내 남자 친구의 결혼식〉) 묘하게 로맨틱한 결과가 만들어집니다.

여전히 우정이지만 어쩔 수 없이 화면에 성적 긴장감이 남기 때문이에요. 게다가 이들은 '진짜 남자 친구'보다 여러모로 더 좋습니다. 생각해보세요. 여러분의 '진짜 남자 친구'와 정말로 말이 통하기는 하는 건지.

게이 남성과 게이 여성이 결합해도 마찬가지로 재미있는 우정이 나옵니다. 이 경우 게이 남성은 호모포비아로 넘쳐나는 험난한 세계에서 주인공의 방벽이 되어주거나 경험자로서 조언을 해주거나 여행 동반자 역을 해주지요. (텔레비전 시리즈 〈엘렌 Ellen, 1994-1998〉, 소설인 「루비프루트 정글 Rubyfruit Jungle, 1973」, 「Good Moon Rising 1996」…) 그 반대는? 아직까지 본 적이 없군요. 이것도 성차별적인 사회가 만들어낸 결과일까요?

그렇다면 게이 여성과 스트레이트 남성은 어떨까요? '게이 여자 친구'는 남자 친구보다 입지가 좁습니다. 그건 남성 게이를 비교적 쉽게 받아들이는 여성 관객이나 캐릭터들과는 달리, 여성 게이를 쉽게 받아들이는 남성은 많지 않기 때문이지요. 일반적으로 남성들에게 여성 게이 이미지는 포르노의 눈요깃거리거나 남성 혐오자인 과격 페미니스트로 갈라지는 것 같습니다.

그래도 예외가 없는 것은 아닙니다. 미국 시트콤 〈프렌즈 Friends, 1994-2004〉에서 로스는 레즈비언인 전처 캐롤과 좋은 관계입니다. 〈유혹은 밤 그림자처럼 Internal Affairs, 1990〉에서 앤디 가르시아와 그 사람의 레즈비언 파트너도 좋은 사이고요. 구체적인 언급은 없지만 〈L.A. 스토리 L.A. Story, 1991〉에서 스티브 마틴의 옆집 여자 친구도 게이인 것 같아요.

게이 남성과 스트레이트 남성은? 이들이 '친근하게' 묘사되는 건 별로 본 적 없군요. 〈키스의 전주곡 Prelude To A Kiss, 1992〉이 제가 본 유일한 예입니다. 〈네 번의 결혼식과 한 번의 장례식〉처럼 떼거리 친구라면 상관없겠지만 단둘이 있으면 아무래도 불안해지는 모양이죠?

게이 여성과 스트레이트 여성은 조금 다릅니다. 페미니즘과 게이 무브먼트는 종종 같은 길을 걸어왔기 때문에 이들이 우정을 쌓아가는 작품은 많습니다. 주류 영화에서도 이런 관계는 쉽게 눈에 뜨이죠. 〈보이즈 온 더 사이드 Boys On The Side, 1995〉 같은 영화가 그렇습니다.

앞으로는 어떻게 될까요? 미래 사람들은 이런 '게이 친구 트릭'을 과도기적인 단계로 볼 겁니다. 사실 '게이 친구'는 게이 캐릭터를 받아들이면서 정작 그 사람의 섹슈얼리티는 살짝 뒤로 미루는 사기를 칠 때가 많습니다. 〈내 남자 친구의 결혼식〉 어디에 루퍼트 에버렛 캐릭터의 성생활 이야기가 나오나요? 그는 단지 예쁘고 편리한 무성의 친구에 불과할 뿐입니다.

물론 미래의 동성애자들이 다른 행성에서 독립하는 일은 없을 테니 '게이 친구'들은 미래에도 남겠지요. 단지 지금처럼 내숭을 떠는 도구로 얄팍하게 사용되는 일은 줄어들 거라는 말이에요.

후일담 20년 전 글입니다. 그동안 세상은 어떻게 변했느냐. 확인하시려면 리벨 윌슨 주연의 넷플릭스 영화 〈어쩌다 로맨스 Isn't It Romantic, 2019〉를 보면 됩니다. 로맨틱 코미디의 클리셰를 비꼰 영화인데, 윌슨이 연기하는 주인공 캐릭터는 이 장르의 남자 게이 캐릭터가 얼마나 편견에 바탕을 두고 있는지 꼼꼼하게 설명하지요. 한마디로 지금은 유행도 아닙니다. 대신 영화나 드라마에서 동성애자 캐릭터의 비중은 크게 늘었고 다양해졌지요. 시트콤 〈브루클린 나인나인 Brooklyn Nine-Nine, 2013-〉의 홀트 서장을 예로 들면, 이 사람이 흑인 동성애자라는 건 캐릭터의 자연스러운 설정으로 존재하며 아무도 여기에 여분의 의미를 부여하지 않습니다. 갈 길은 멀지만, 루퍼트 에버렛이 무성의 애완동물처럼 나오던 그 옛날과 많이 다르죠.

03

고개 돌리기

'고개 돌리기'는 영화 중간에도 쓰이지만, 미국 텔레비전 시리즈의 오프닝 타이틀에 가장 많이 사용됩니다. 각 인물이 소개되면 그때까지 카메라 반대편을 보고 있던 등장인물이 갑자기 얼굴을 휙 돌려 카메라나 그 근처를 바라보는 거죠. 갑작스러운 미소나 필요 이상으로 심각한 극적 표정이 첨가되는 수도 있습니다. 고개를 돌리는 것만으로 모자라 몸 전체를 돌리기도 하고요. 그런 느낌을 강화시키기 위해 화면이 잠시 정지되기도 해요.

'고개 돌리기'가 사용되는 이유는 이런 작은 동작이 상당히 극적이기 때문입니다. 우리는 정면 모습에서 사람의 외모에 대한 대부분의 정보를 얻습니다. 뒷모습에서 우리가 얻을 수 있는 건 '어떤 헤어스타일에 어떤 옷을 입은 사람이 하나 있다'라는 것뿐입니다. 그 사람이 이름과 성격을 가진 하나의 인물로 인정받으려면 고개를 돌려 전면 모습을 보여주어야 하지요. 그 결과 뒤를 보고 있던 사람이 고개를 돌리는 순간 상당한 서스펜스가 발생하게 됩니다. 고개를 돌리는 건 한순간이므로 기대감의 발생과 충족은 순식간에 해결되지만 오프닝 타이틀에서는 그 정도면 충분하죠. 얼굴 보여주는 장면이 달라봐야 얼마나 다르겠어요.

그러나 이런 장면은 극적인 만큼 작위적이기도 합니다. 특히 미소를 짓게 하거나 극적인 표정을 짓게 하는 것처럼 인위적인 조작이 들어갈 때는요. 이런 트릭은 〈앨리 맥빌 Ally McBeal, 1997-2002〉 때까지도 쓰였지만 지금은 어색하고 웃긴 농담이 되었습니다. 〈갤럭시 퀘스트 Galaxy Quest, 1999〉의 마지막 장면에서 새 시리즈의 오프닝 크레딧이 나오는 장면을 보세요. 그런 어설픈 조작이 얼마나 웃기는 것인지 그 사람들도 안답니다.

04

고아들

〈소공녀 The Little Princess, 1939〉, 〈마델라인 Madeline, 1998〉, 〈비밀의 화원 The Secret Garden, 1993〉, 〈아름다운 비행 Fly Away Home, 1996〉, 〈인어 공주 The Little Mermaid, 1989〉, 〈제임스와 거대한 복숭아 James and the Giant Peach, 1996〉, 〈오즈의 마법사 The Wizard of Oz, 1939〉… 이 영화들의 공통점은 무엇일까요? 다들 주인공 아이가 고아거나 엄마나 아빠 한쪽이 없다는 것입니다. 네, 알고 있어요. 마델라인은 원작에서 고아가 아니죠. 하지만 영화에서는 고아랍니다.

어린이 영화를 보다 보면 세상이 참 험악한 곳이라는 생각이 들지 않을 수 없습니다. 이처럼 엄마 아빠 없는 아이들이 사방에 굴러다니니까요. 영화뿐만이 아니죠. 동화들도 마찬가지입니다. 알고 있는 동화책들 제목을 읊어보세요. 고아가 주인공이 아닌 작품은 오히려 드문 편입니다!

이런 클리셰는 오래전부터 논란의 대상이 되어 왔습니다. 도대체 왜 작가들은 주인공 엄마 아빠를 죽이지 못해서 환장한 것일까요?

가장 기초적인 이유. 동정심을 끌기 때문입니다. 엄마 아빠가 양쪽이 다 살아 있는 아이보다야 혈혈단신으로 세상 역경을 헤쳐가야 하는 어린아이 쪽이 훨씬 동정심을 끌죠. 시작도 하기 전에 몇 점 얻고 가는 겁니다. 물론 〈마틸다 Matilda, 1996〉에서처럼 아주 형편없는 부모를 주어서 동정심을 주는 방법도 있지만 자주 쓸만한 수법은 아니죠.

극적인 면에도 도움이 됩니다. 밑바닥부터 시작하면 초반부의 우울함이 클라이맥스의 성공을 더 강조해주죠. 「올리버 트위스트 Oliver Twist, 1837」를 보세요.

마지막이자 결정적인 이유. 이들은 부모 있는 아이들보다 간섭을 훨씬 덜 받기 때문에 별별 모험에 다 뛰어들 수 있습니다. 아빠가 있었어도 짐 호킨즈가 보물섬을 찾아 떠났을까요? 허크핀과 톰 소여도 부모가 있었다면 훨씬 따분한 나날을 보냈을 겁니다.

그러나 자꾸 반복되면 이것도 지겹죠. 특히 디즈니 영화에서는 왜 엄마를 찾기가 그렇게 힘이 드는 걸까요? 〈알라딘 Aladdin, 1992〉, 〈인어 공주〉, 〈미녀와 야수 Beauty and the Beast, 1991〉… 슬슬 변화를 줄 때가 되지 않았나요?

물론 이런 이야기가 아이들에게 끼칠 심리적 영향에 대해서도 생각해보아야 할 겁니다. 영화나 동화에서 부모의 역할이 지나치게 축소되는 것도 바람직한 것도 아니고요.

"디즈니 영화니까요.
주인공의 부모님들은 곧 죽을 거예요."

- 제니퍼 리 감독/작가 〈겨울왕국 Frozen, 2013〉에 대한 인터뷰

05

고장 난 차

우린 인간이 지구를 정복했다고 믿고 있지만, 정말 그렇지는 않죠. 지도에서 보면 사람들은 선으로 연결된 점 위에서 삽니다. 물론 확대해서 보면 그 선이나 점은 모두 3차원의 공간을 점유하고 있지만, 지금 요점은 그게 아니죠. 제 말은, 사람들이 사는 동네들이 은근히 멀리 떨어져 있다는 것입니다. 그게 대도시이건 작은 읍이건 말이에요.

그래서 자기가 태어난 마을을 떠나는 건 바로 몇 백 년 전까지만 해도 엄청난 대모험이었습니다. 산에서는 호랑이가 나왔고, 산적들은 어두컴컴한 구석에 숨어 희생자들을 노리고 있었지요, 게다가 길은 엄청 멀었어요… 그렇게 크다고 할 수 없는 이 나라에서도 한양에 과거를 보러 가려면 몇 주는 잡아야 했습니다. 지금이라면 반나절 안에 어디로도 갈 수 있지만 말이에요. 그 결과 대부분의 사람들은 그렇게 크다고 할 수 없는 작은 영역권 안을 빙빙 돌며 살 수밖에 없었어요.

기차와 자동차가 등장하면서 사정은 바뀌었습니다. 갑자기 활동 공간이 넓어진 것이죠. 이제 우리는 어디든지 갈 수 있습니다. 하지만 한 가지 문제가 있어요. 만약 자동차가 고장 나거나 중간에 기름이 떨어지면 어떻게 하죠? 자기 머리로 생각할 줄 알고 식습관에도 어느 정도 여유가 있는 생명체인 말과는 달리 자동차는 융통성 없는 기계입니다. 고장 나면 정말 대책이 없어요. 사람 사는 동네라면 전문가를 부를 수 있지만 꼭 차가 그런 곳에서만 고장 나는 건 아니죠. 아까도 말했잖아요. 우린 선으로 연결된 점에서 살고 있다고. 만약 차가 선 한가운데에서 고장 난다면 어떻게 되지요?

여기서 설정이 생깁니다. 편리하지만 다소 불안정한 문명의 이기를 타고 자기네한테 허락된 안전지대를 벗어나 금지된 영역을 질주하던 사람들이 갑자기 그 한가운데에서 고립되는 겁니다. 그 나라가 미국처럼 땅덩이가 큰 곳이라면 더 끔찍해지겠죠? 호러 영화가 탄생하는 겁니다. 수많은 미국 호러 영화들이 자동차 고장으로 이야기를 여는 것도 당연해요.

이 설정은 경계선을 그을 수 있을 만큼 분명하지는 않습니다. 우리의 주인공들은 길을 잃기도 하고, 기름이 떨어질 수도 있고,

수상쩍은 사람들에 의해 차를 강탈당하기도 하며, 절대로 가서는 안 되는 위험 지대에 자발적으로 들어갈 수도 있습니다. 〈딜리버런스 Deliveranace, 1972〉나 〈구타유발자들 2006〉처럼 고정된 장르나 교통수단에서 벗어날 수도 있고요. 하지만 경고의 의미는 분명해요. 일단 타지에 갈 때는 사람들을 조심하라는 거죠. 외지는 결코 그네들이 살던 동네처럼 안심할 수 있는 곳이 아니니 말이에요. 뻔한 경고지만 바로 그렇기 때문에 효과는 큽니다. 그만큼 그 공포가 보편적이라는 뜻이니까요.

06

교통사고

현대 문명은 사람들의 삶을 더 편하게 만들기도 했지만 더 위험하게 만들기도 했습니다. 자동차가 대표적인 예죠. 자동차가 등장하면서 사람들의 활동 범위가 넓어진 것은 사실입니다만, 교통사고라는 끔찍한 현상 역시 같은 속도로 증가했으니까요. 아직도 수많은 사람들이 자동차 사고로 세상을 떠납니다. 제가 아는 사람들 중에서도 이런 사고로 목숨을 잃은 사람들이 꽤 된답니다.

그러나 교통사고는 생각하기 귀찮은 작가들에게 근사한 기회를 가져다주기도 했습니다. 과거에는 갑작스럽게 필요 없게 된 캐릭터를 제거하기가 쉽지 않았습니다. 선원이라면 익사시킬 수 있습니다. 하지만 선원 가족들은 대부분 그런 사고에 대한 마음의 준비를 하고 있기 마련이죠. 노상강도는 어떨까? 너무 극적으로 보일 겁니다. 갑작스러운 심장마비는? 우선 건강한 사람에게는 해당이 안 되고 심장 약한 사람들의 가족들도 선원 가족들처럼 대비가 되어 있는 법입니다.

교통사고는 이 귀찮은 문제를 해결해주었습니다. 작가가 아무 예고도 없이 건강한 캐릭터 하나를 죽여 없애고 싶다면 무신경한 운전기사가 모는 자동차 하나만 등장시키면 되었습니다. 끼익! 브레이크 밟는 소리와 함께 모든 게 끝납니다.

간결한 만큼 교훈적이기도 했습니다. 갑작스러운 교통사고는 앞날을 모르는 우리네 운명의 상징이기도 했습니다. 우리가 믿고 의지하는 현대 문명의 위험성에 대한 경고이기도 했지요. 갑작스러운 죽음은 종종 멀쩡하게만 보였던 가족의 썩은 단면을 보여주는 절단기 역을 하기도 했습니다.

그러나… 너무 쉬웠습니다. 쉬운 해결책은 쉽게 안이해집니다. 특히 계획도 없이 수많은 캐릭터들을 굴리는 연재물 작가들은 이 사고를 끝도 없이 남용했습니다. 이제 '교통사고'라는 설정은 조금 피곤하기까지 하죠.

교통사고는 여전히 현대인의 삶의 일부분이고 앞으로도 없어질 가능성은 적습니다. 아무리 예술 작품 안에서 진부해졌다고 해도 엄연히 존재하며 매정한 사신처럼 사람들을 저승으로 끌고 가는 끔찍한 괴물을 무시할 수는 없겠지요.

07

그냥 오락영화로 봐주세요

최근 들어 전 시사회에서 배우들이나 감독들이 이런 말들을 하는 걸 자주 듣습니다. "그냥 오락영화로 봐주세요", "큰 기대는 마시고 그냥 즐겁게 봐주세요. 우리 영화는 대단한 예술 영화가 아니고 그냥 오락영화거든요."

듣다 보면 맥이 탁 풀립니다. 대부분 이런 '경고' 뒤에 딸려 나오는 영화들은 다 그저 그렇거든요. 하긴 만드는 영화들이 모두 다 걸작이 될 수는 없겠죠. 배우들이나 감독들이 자기 작품에 가해지는 평가에 민감한 것도 당연하고요. 평론가들이 엉뚱한 잣대를 들이밀며 멀쩡한 작품을 과소평가할지도 모른다고 걱정하는 것도 있을 수 있는 일이죠. 따라서 전 누군가가 시사회에서 이런 이야기를 한다고 비난하지는 않겠습니다.

하지만 전 이런 변명의 논리가 굉장히 싫습니다. 뻔한 클리셰들이 그렇듯 이런 변명엔 진짜 사고가 결여되어 있습니다. 그리고 그런 '무사고의 논리'는 많은 경우 그 영화를 만든 사람들의 안이한 태도와 연결되어 있거든요.

논리를 검토해보기로 하죠. 이런 사람들이 '그냥 오락영화'라고 말하는 작품들은 척 봐도 오락영화인 게 분명한 작품들입니다. 아무도 주성치의 코미디 영화에서 안드레이 타르코프스키*의 심각한 주절거림을 기대하지 않는 것처럼 그런 영화를 보러 온 관객들이나 기자들 역시 거기에서 오락 이상의 무언가를 기대하지는 않을 겁니다.

그렇다면 그들의 임무는 '훌륭한 오락영화'를 보여주는 것입니다. 그런데 그들은 '훌륭한 오락영화'라고 하지 않고 '그냥 오락영화'라고 말합니다. 이 표현은 두 가지 의미를 품고 있습니다. 첫째, 오락영화는 처음부터 높은 질을 갖출 수 없다고 인정하는 것입니다. 둘째, 그런 운명을 받아들여 처음부터 예술적 도전을 할 생각 따위는 하지도 않았다는 것입니다.

〈내 여자친구를 소개합니다 2004〉 때가 기억납니다. 그때 보도 자료에 곽재용 감독이 심각하게 쓴 글이 있었어요. 지금 그 자료가 없어서 정확한 인용이 어렵지만 감독은 그 영화를 지금

* 러시아를 대표하는 감독. 롱테이크 기법, 시적인 이미지 등으로 유명하다.

까지 그가 만든 영화들을 예술적으로 통합하는, 의미 있는 작품으로 인식하고 있었지요. 전 〈내 여자친구를 소개합니다〉가 시시한 영화라고 생각하지만, 그의 진지한 선언은 여전히 멋있다고 봅니다. 모든 사람이 같은 자신감을 갖출 수는 없습니다. 하지만 적어도 그만 한 자신감을 가질 수 있는 영화를 만들겠다고 다짐 정도는 하고 시작했으면 좋겠습니다. 아무리 그 결과가 '뻔한' 오락영화에 그친다 해도요.

08

그래도 개는 산다

이 클리셰가 사람들 입에 오르내리기 시작한 건 순전히 한동안 유행했던 재난 영화 때문이었습니다. 〈단테스 피크 Dante's Peak, 1997〉, 〈볼케이노 Volcano, 1997〉, 〈데이 라잇 Daylight, 1996〉과 같은 영화들이 모두 위기에 빠진 개들이 살아남는 장면들을 수록하고 있었죠. 심지어 개 주인들이 죽어가는 도중에도 개는 살아남았습니다. 영화를 본 사람들은 개의 목숨과 사람의 목숨을 저울로 재기 시작했고 그게 웃기는 할리우드식 계산이라고 결론지었습니다.

할리우드에서는 개를 죽이지 않는 걸까요? 아뇨. 죽일 때도 있습니다. 〈분노의 폭발 Blown Away, 1994〉에서 제프 브리지스의 개는 악당에게 살해당합니다. 디즈니 가족 영화 〈올드 옐러 Old

Yeller, 1957〉의 주인공 개는 광견병에 걸리고 총에 맞아 죽습니다. (〈프렌즈 Friends, 1994-2004〉에서 피비가 이 영화의 엔딩을 보고 "뭐 이런 개 스너프 영화가 있어!"라고 외쳤던 에피소드를 기억하시는지요?) 영화는 아니지만 〈X-파일 The X Files, 1993-2018〉에서 스컬리의 개였던 퀴퀘크도 죽죠. 사실 개가 죽는 영화들은 꽤 많습니다. 특히 공포 영화나 액션 영화들에서 그렇습니다.

흠, 그렇다면 〈단테스 피크〉나 〈데이 라잇〉에서도 그렇게 개를 죽였다면 어떻게 되었을까요?

별로 보기가 좋지 않았을 겁니다. 왠지 궁금하다면 〈분노의 폭발〉을 다시 보면 됩니다. 그 영화에서는 많은 사람이 죽지만 개가 죽을 때만큼 정서적으로 강한 충격을 주지는 않습니다. 심지어 로이드 브리지스의 캐릭터가 죽을 때도 개가 죽을 때보다는 충격이 덜 합니다. 영화가 끝난 뒤에도 꽤 불쾌한 뒷맛이 남죠.

〈단테스 피크〉와 같은 영화에서 개를 살린 건 그렇게 이상한 일은 아니었습니다. 개 구출 작전은 영화의 뒷맛을 덜 불쾌하게 만들었죠. 영화 하나만 보면 이상한 느낌이 그렇게까지 들지는 않습니다. 하지만 비슷한 내용의 영화 세 편이 모두 개를 살리는 내용을 담고 있었으니 우스꽝스러워졌죠. 그러다 보니 개를 살리는 할리우드 영화들이 뒤를 따라 우리 기억 속으로 들어왔고요.

왜 개의 죽음은 관객들을 불쾌하게 만들까요? 그건 "왜 단역 악당들의 죽음은 그렇게 가볍게 보일까요?"라는 질문의 답과 같습니다.

개는 그냥 동물이 아니라 반려동물입니다. 다시 말해 개들은 인간의 귀여움을 받는다는 이유로 우리와 공생하는 존재입니다. 보더 콜리처럼 실용적인 경제적 목적 때문에 공생하는 개들도 있지만 대부분 인간의 대체 수단일 경우가 많죠. 귀여운 동물들은 많은 경우 아기나 친구의 대체 수단이 됩니다. 다시 말해, 영화 속의 개들은 정서적으로 인간 캐릭터들과 강하게 연결되어 있습니다.

그런데, 우리는 예술 작품에서 논리나 법, 도덕 규칙보다는 정서적인 흐름을 따르기 마련입니다. 그 때문에 사회 규범 속에서는 옳지 않다고 여겨지는 행동들이 영화 속에서는 당연하다는 듯 행해지는 거죠. 액션 영화에 자주 나오는 수많은 불법적인 복수 행위는 극히 작은 예에 불과합니다.

그리고 또 사실 진정한 예술은 그런 것을 건드려야 하는 겁니다. 감정 대신 법과 도덕 규칙을 따르면 그건 선전 팜플렛이 되죠. 심지어 훌륭한 정치 예술 작품들이 따르는 것도 감정이지 논리는 아닙니다.

개 한 마리가 수많은 악당보다 더 중요한 것도 그 때문입니다. 원칙적으로 따진다면, 아무리 악당이라고 해도 그 많은 사람의 생명은 개보다 더 중요합니다. 그러나 그것은 도덕적 산수 계산일 뿐입니다. 예술에서는 그게 통하지 않습니다. 영화 속의 캐릭터들은 주인공 또는 관객과의 정서적 연관 정도에 따라 평가받습니다. 그리고 개들은 자동적으로 캐릭터들과 강한 정서적 연관성을 부여받습니다. 바로 그게 반려동물의 존재 이유니까요. 게다가 개들은 친구보다는 아기에 가까운 존재입니다. 아기의 죽음을 보는 건 늘 불쾌한 일이죠.

할리우드 주류 대중 영화가 개를 될 수 있는 한 살리려고 하는 것도 그 때문입니다. 관객들은 1시간 반의 즐거운 시간을 보내려고 들어오는 사람들입니다. 사람들이 그런 것을 원한다면 대충 맞추어 주는 편이 좋죠.

예술이 꼭 사람들 우위에 서 있을 필요는 없습니다. 결국 예술도 소비를 목적으로 한 생산품이고 그 목적은 고객을 위해 봉사하는 것이니까요. 여기에 대해 꼭 냉소적이 될 필요는 없다고 봅니다.

후일담 옛날 글입니다. 지금은 개들이 불가능한 상황에서 기어코 살아남는 영화가 거의 없는 것 같습니다. 반대로 호러 영화에서 개가 죽는 경우는 엄청나게 늘어났지요. 〈유전 Hereditary, 2018〉 같은 영화에서는 굳이 개가 죽어야 할 이유도 없지만 죽는데, 아무래도 의

무감 때문이었던 것 같습니다. 사망률이 더 높은 건 고양이인데, 요새 호러 영화에서 고양이가 나온다면 살아남는 경우가 전혀 없는 것 같습니다.

09

기억상실

기억상실을 현대 픽션의 세계에 소개한 사람은 제임스 힐튼*이었습니다. 「잃어버린 지평선 Lost Horizon, 1933」이 바로 그 작품이라고 할 수 있어요. 물론 그 이전에 기억상실이 픽션에 쓰이지 않았다는 것은 아니지만 본격적으로 기억상실이라는 트릭을 도입하고 또 그것을 장르화한 것은 힐튼의 공이지요. 「잃어버린 지평선」은 도입부의 미스터리를 설정하기 위한 것에 불과했지만 그의 다른 소설 「마음의 행로 Random Harvest, 1941」에서는 기억상실이라는 트릭이 스토리의 기둥입니다.

힐튼이 문을 열자 기억상실 소재의 작품들은 수많은 대중적

* 영국의 베스트셀러 작가로, 아카데미 각본상을 받기도 했다.

인 픽션의 사랑을 받으며 부풀어 올랐습니다. 이상한 일도 아니지요. 참으로 로맨틱한 도구가 아닌가요? 로맨틱할 뿐만 아니라 형이상학적이기도 합니다. "나는 누구인가"라는 질문에 대한 탐구를 이처럼 구체적으로 보여주는 트릭도 많지 않습니다.

그러나 기억상실로 끌어갈 수 있는 이야기는 그렇게 많지 않습니다. 대충 이런 것이죠. 주인공이 기억을 상실한다. 그리고 예전의 애인과 다시 사랑에 빠진다. 물론 애인의 친구와 사랑에 빠질 수도 있고 전처나 전남편과 다시 사랑할 수도 있지만 멜로드라마에서 기억상실의 활용은 대부분 비슷합니다. 기억을 잃은 뒤 진정한 사랑을 찾는다는 거죠.

서스펜스물도 별로 차이는 없습니다. 기억을 잃은 주인공 뒤를 정체불명의 악당들이 쫓아옵니다. 주인공은 필사적으로 쫓기면서 내가 왜 이들에게 쫓기는지, 그들이 누구인지를 밝혀야 합니다. 이럴 때는 경찰도 믿을 수 없죠. 보나 마나 자기가 저질렀는지 안 저질렀는지도 모르는 범죄의 누명을 쓰고 있을 테니 말입니다.

결국 좁은 터를 여럿이 팔 수밖에 없었고 스토리는 진부해졌습니다. 진부함이 늘어날수록 그 작위성도 과장되었고요. 사악한 쌍둥이와 함께 소프 오페라의 영역으로 떨어진 것도 이상할 건 없죠.

그러나 몇몇 영화는 탈출구를 발견했습니다. 〈토탈 리콜 Total

Recall, 1990〉과 같은 작품은 기억상실과 가상 현실을 결합해서 기억상실의 새로운 터를 판 작품입니다. 필립 K. 딕이 수십 년 전부터 죽어라 써댄 내용이니 전적으로 새롭다고 할 수는 없겠지만 적어도 영화 세계에서는 나름대로 신선했죠. 이 가짜 기억 트릭도 곧 낡아버렸다니 유감스럽습니다.

10

날짜와 시간

영화 속의 시간과 날짜는 언제나 정확합니다. 특히 서스펜스 영화에서 주인공의 시계는 틀린 적이 없죠. 12시에 폭탄이 폭발한다는 설정이면 언제나 시계가 12시 정각을 가리킬 때 폭발합니다. 지금이야 이건 이상하지 않습니다. 휴대전화의 전화를 포함한 상당수의 시계가 위성이 쏘아주는 신호에 맞추어져 있으니까요. 하지만 몇십 년 전까지만 해도 대부분 사람은 시계를 그렇게까지 꼼꼼하게 맞추지 않았습니다. 그래서 특공대나 강도 무리가 작전 전에 모여 모두의 시계 시간을 맞추었던 거죠. 그러니 〈하이눈 High Noon, 1952〉에 나오는 시계들이 그렇게 정확한 건 좀 이상해요.

더 재미있는 건 초자연 현상에 시간이나 날짜가 연결되었을 때 일어납니다. 예를 들어 〈그렘린 Gremlins, 1984〉에선 모과이에게 자정 이후에 절대로 먹이를 주어선 안 됩니다. 하지만 정확히 자정 이전이라는 것을 모과이들이 어떻게 알까요? 대부분 시계가 가리키는 시각은 인간들이 임의로 규격화시킨 시각으로, 정확한 천문학적 시각과는 다릅니다. (나중에 〈그렘린 2 Gremlins 2: The New Batch, 1990〉는 전편이 만든 규칙들을 조롱하며 놀려대는 장난을 칩니다. "비행기를 타고 있는데 시간대를 넘어가면 어떻게 하죠?" "어딘가는 자정일 수밖에 없잖아요?")

날짜는 더 까다롭습니다. 세상 종말을 예언하는 호러 영화들은 늘 정확한 날짜를 맞히는데, 사실 달력이라는 것도 인간의 발명품이어서 언제나 같지는 않습니다. 로마 시대와 우리 시대는 다른 달력을 쓰고 있습니다. 여러 차례 대규모의 달력 개편이 있었고 개편된 시기도 나라마다 달랐습니다. 그리고 예언이 변형된 달력까지 예측했다고 해도 왜 늘 주인공이 싸우는 현장에 날짜와 시간이 맞추어져 있는 걸까요? 뉴욕이 자정일 때 예루살렘까지 자정은 아닙니다.

영화가 외계로 나갈 때는 더욱 의심스럽습니다. 예를 들어 〈스타트렉〉의 외계인들은 다들 같은 달력을 쓰는 것 같습니다. '나는 29살이다'하면 모두가 알아들으니까요. 설마 그 외계인들 모두가 공전 주기가 365일인 행성에서 사는 건 아니겠죠?

11

나는 네 엄마(아빠)다

〈스타트렉 딥 스페이스 나인 Star Trek: Deep Space Nine, 1993-1999〉 마지막 시즌의 첫 에피소드에서 시스코는 어떤 여자에 대한 비전을 보지요. 아버지와 그 여자가 함께 찍은 사진을 발견한 시스코는 아버지에게 그 여자가 누구냐고 묻습니다. 아버지가 대답하는군요. "그 여자는 네 엄마다."

아아악!

제가 왜 비명을 지르냐고요? 한 번 생각해보세요. 초광속 우주선이 날아다니고 웜홀 저쪽에 우주 정거장을 세우는 시대지만 아직도 '나는 네 엄마(아빠)다' 클리셰가 살아 있었던 겁니다!

얼마나 질긴 클리셰인지!

하긴 '스타트렉'도 '스타워즈'에 비하면 약과입니다. '스타워즈'가 과연 먼 과거인지, 아니면 먼 미래인지는 아무도 모르지만 어느 쪽이건 우리와 한참 떨어진 시대를 무대로 하고 있음은 분명합니다. 그런데도 영화의 가장 화끈한 장면은 다스 베이더가 루크에게 '내가 네 아버지다'라고 말하는 장면이 아닙니까?

'나는 네 엄마(아빠)다' 클리셰는 단행본이나 독립된 영화보다는 시리즈나 연재물에 많습니다. 대부분 끝없이 줄줄 이어지는 갈등 관계에 변화를 주기 위해 사용됩니다. 자, 피 터지게 싸우는 두 남자가 있습니다. 처음 몇 편에서는 재미있었습니다. 그러나 계속 보면 이들의 단순한 싸움은 지겨워지죠. 해결책은? 지금까지 그들이 모르고 있었던 혈통의 비밀을 도입하는 것입니다. 한 남자가 다른 남자의 친아버지라면? 그리고 그들이 몇십 년 동안 까맣게 모르고 있었다면?

이성적으로 따진다면 지금까지 숨겨져 왔던 혈통 관계가 밝혀진다고 해서 그들의 명분이 바뀌는 것도, 시드는 것도 아니지만, 우리는 그렇게 야무진 동물은 아닙니다. 엄청난 혼란이 따라오죠. 그들이 그 발견으로 서로를 받아들이건, 더 증오하건, 혼돈은 필연적입니다. 당연히 이들을 정리하는 데 상당한 페이지가 소요되고 따분해진 시리즈는 구원받습니다.

물론 이제는 그대로 드러내기엔 지나치게 노골적인 수법이 되어버렸습니다. 그래서 요즘 사람들은 그걸 그대로 다룰 생각은 하지 않죠. 그래서 〈엑스 파일 The X Files, 1993-2018〉이 멀더와 캔서맨의 관계에 적당히 안개를 뿌리는 거랍니다. 그 편이 덜 노골적이고 덜 진부해보이니까요.

후일담 이 글은 20년 전에 썼습니다. 최근 들어 재미있는 예가 하나 있어서 추가합니다. 바로 〈배트맨 대 슈퍼맨 Batman v Superman: Dawn of Justice, 2016〉의 악명 높은 '마사'입니다. 브루스 웨인의 친엄마와 클락 켄트의 양엄마 모두가 이름이 마사인데, 한참 싸우던 두 사람은 이를 알게 되자 갑자기… 이건 클리셰는 아닙니다. 될 리도 없고요. 그러기엔 너무 억지스럽고 웃기죠. 그래도 흥미로운 변형입니다.

12

내기에서 애정으로

주로 틴에이저 로맨스에서 사용되는 공식입니다. 순전히 내기에서 이기려는 (또는 그만큼이나 이기적인) 목적으로 인기 없는 여자에게 접근한 남자가 그만 그 여자한테 빠져 버린다는 것이 주 내용입니다. 물론 나중에 이 남자의 음흉한 음모가 폭로되어 둘의 사이는 갈라지지만 사랑의 힘은 모든 것을 극복합니다. 남자가 인기 없고 여자가 인기 있는 경우는 상대적으로 적습니다. 그건 이 이야기가 기본적으로 신데렐라 공식이기 때문이지요.

틴에이저 로맨스에서 이런 이야기가 유달리 많은 이유는, 대부분 틴에이저 로맨스가 성인 로맨스의 희미한 모방이기 때문입니다. 양식화된 틴에이저 로맨스는 로맨스 자체보다는 사람들이 로맨스라고 생각하는 것을 다루기 마련이죠. 그만큼 '내기에서 애정으로'가 단단하게 고정된 클리셰라는 말입니다. 물론 영화 속 틴에이저들이 성인보다 시간이 많다는 것도 이유가 되겠지요. 사실 어른들은 진짜 사랑을 하기에도 시간이 모자라는 법입니다.

하지만 이런 공식에도 진리와 그에 바탕을 둔 교훈이 담겨 있습니다. 우린 많은 경우 첫인상만으로 사람을 평가합니다만, 그게 그렇게까지 잘 맞는 경우는 많지 않죠. 어떤 사람에 대해 알려면 일단 그 사람과 많은 시간을 보내며 서로의 마음을 열어봐야 합니다. 그 동기가 아무리 불순한 것이라고 하더라도 결과는 첫인상만 달랑 믿는 것보다 훨씬 나을 수 있습니다.

이와 같은 '심오한' 통찰력에 바탕을 둔 공식이기 때문에, 제대로 된 드라마만 만나면 이 뻔한 이야기도 깊이 있는 영화로 만들어질 수 있습니다. 낸시 사보카의 〈샌프란시스코에서 하루 밤 Dogfight, 1991〉이 대표적인 이야기였지요. 이 공식의 레즈비언 버전이었던 〈쇼우 미 러브 Fucking Åmål, 1998〉도 이런 공식의 진부함을 탈출한 작품이었습니다. 어떻게 그럴 수 있었을까요? 그건 이들이 이 공식을 그대로 이용하는 대신 부스터로만 이용하고 재빨리 던져 버렸기 때문입니다. 〈샌프란시스코에서 하루 밤〉이나 〈쇼우 미 러브〉나, 진짜 이야기가 시작되는 부분은 폭로 이후입니다.

이게 싫다면 공식을 진지하게 생각하지 않고 장르 장난감으로 가지고 노는 방법도 있습니다. 〈쉬즈 올 댓 She's All That, 1999〉, 〈내가 널 사랑할 수 없는 10가지 이유 10 Things I Hate About You, 1999〉는 모두 그런 이야기였지요.

그게 싫다면 중간에서 무자비하게 파괴하는 방법도 있습니다. 〈캐리 Carrie, 1976〉는 캐리가 프롬 퀸의 왕관을 쓸 때까지만 해도 전형적인 '내기에서 애정으로'의 이야기처럼 보입니다. 하지만 캐리가 돼지 피를 뒤집어쓴 뒤론 그러고 싶어도 그럴 수 없지요.

그렇다면 이 클리셰를 그대로 받아들일 수는 없는 걸까요? 못할 건 또 뭐 있습니까? 언제나 말했지만, 진부한 것들은 진부함 특유의 매력이 있습니다. 〈사브리나 Sabrina, 1995〉와 같은 영화를 보세요. 뻔한 내용이지만 여전히 매력적이지 않습니까?

13

누가 죽었지?

'누가 죽었지?'는 주로 서부극이나 사무라이 활극에서 사용됩니다. 영화의 막판입니다. 주인공과 악당이 드디어 최후의 결전을 벌이죠. 빵! 하는 총소리가 들립니다. 또는 휙 하고 칼을 긋는 소리가 들려요. 두 사람은 여전히 서 있습니다. 분명히 누군가 총에 맞거나 칼을 맞은 상태인데 말이죠. 잠시 뒤 한 사람이 끼익 하면서 쓰러집니다. 서부극의 경우에는 〈베라 크루스 Vera Cruz, 1954〉가 떠오르네요. 게리 쿠퍼와 버트 랭커스터가 거의 동시에 총을 뽑아 쏩니다. 랭커스터는 총을 휙 돌려 총집에 넣기까지 하지만 그 뒤에 쓰러지고 말아요.

이게 현실 세계에서 얼마나 가능한 일인지 모르겠습니다. 전 총을 맞은 적도, 칼에 찔린 적도 없으니까요. 하지만 영화 세계에서는 유익합니다. 짧은 기간이지만 생과 사를 결정짓는 순간을 연장시키면서 여분의 서스펜스를 자아낼 수 있으니까요. 물론 관객들은 대부분 경우 누가 총에 맞았는지(또는 칼에 맞았는지) 알고 있지만 그런 경우도 서스펜스는 남습니다.

이 트릭의 또 다른 기능은 패배자인 악당에게 카리스마를 부여할 수 있다는 것입니다. 심지어 그는 잠시나마 죽음마저도 피해갈 수 있는 굉장한 악당인 것이죠. 죽는 사람이 주인공이라고 해도 사정은 크게 달라지지 않습니다.

14

눈빛 연기

이런 연기 따위는 존재하지 않습니다. 한 번 거울을 보며 연구해보세요. 아무리 눈에 힘을 주어도 눈빛이 밝아지는 일은 없습니다. 우리 인간의 능력으로 되는 게 아니에요. 눈빛을 조절하는 것은 배우의 연기가 아니라 조명과 아이라이트입니다.

그렇다면 사람들이 '눈빛 연기'라고 부르는 건 뭘까요? 대충 두 가지 경우가 있습니다.

좋은 배우가 대상에 (그게 상대 배우건, 폭탄이건, 그리는 그림이건) 극도로 몰입한 상태에서 연기할 때 우린 '눈빛 연기'에 가까운 어떤 것을 보게 됩니다. 하지만 이건 눈빛 자체와는 상관없습니다. 배우가 몰입한다고 눈빛이 증가하는 일은 없습니다. '동공 연기'라고 부르면 어떨까요? 하지만 이것은 연기가 아니라 연기의 결과입니다.

하여간 이런 연기를 보는 건 흥분됩니다. 대상을 열심히 들여다본다고 해서 훌륭한 연기라는 증거가 되지 않지만, 훌륭한 배우가 이런 상태에 올라있다면 결과는 대부분 좋기 때문입니다.

두 번째 눈빛 연기는 '눈에 힘주기 연기'라고 불러야 합니다. 주로 눈 주변의 근육에 힘을 주고 '눈빛을 내는 척'하는 거예요. 이건 양손을 뻗으면서 초능력으로 물건을 쓰러트리거나 폭파시키는 척하는 슈퍼히어로 연기와 비슷해요. 가장 대표적인 예가 〈로미오+줄리엣 Romeo+Juliet, 1996〉에서 레오나르도 디카프리오가 보여준 '눈빛 연기' 같군요. 예가 너무 오래되었나요? 하지만 새로운 예는 쉽게 찾을 수 있을 겁니다. 검색 엔진에서 '눈빛 연기'를 검색하면 훨씬 그럴싸한 예가 드라마 캡처와 함께 매주 쏟아지거든요.

눈에 힘을 준다고 대단한 연기가 나오는 것은 아닙니다. 이런 연기를 하는 배우들은 상당수가 '눈 주변 근육에 힘을 주며' 자연스러운 연기를 흉내 내는 위험에 빠집니다. 이들이 재현하려는 건 감정이 아니라 카리스마인데, 후자는 인위적으로 만들어지는 게 아니거든요. 이는 가짜일 뿐 아니라 위험하기까지 합니다. '눈빛 연기'는 배우들이 다음 단계의 연기로 올라가지 못하게 막고 나르시시즘에 빠지게 하며 가짜 만족감을 줍니다.

15

도대체 웬 놈의 아파트가 이리 큰 거야?

이 클리셰는 만드는 사람들도 비현실적이라는 걸 알고 있고 보는 사람들도 꾸준히 지적하지만 그래도 쉽게 바꿀 수가 없는 타협의 산물입니다. 그건 예술적인 이유 때문이 아니라 작업 환경 때문이지요.

한마디로 주인공들이 사는 집이 너무 크다는 겁니다. 영화에 나오는 주인공들은 대부분 젊습니다. 그들의 수입은 뻔하죠. 하지만 이들이 사는 집을 보면 암만 초라하게 꾸며도 이상할 정도로 넓습니다. 특히 뉴욕이나 런던 같은 대도시가 무대라면 이건 정말 말도 안 되는 거죠.

왜 이렇게 집이 클까요? 영화 찍으려면 방이 넓은 게 좋으니까요. 카메라와 주인공이 움직일 공간이 필요하죠. 관객들 앞에서 녹화되는 시트콤이라면 스튜디오를 어느 정도 채울 수 있는 넓은 공간이 필요하고요. 공간이 넓으면 할 수 있는 일도 많습니다.

보통 영화들은 공간의 문제를 그냥 무시하고 넘어갑니다. 가끔 그걸 언급하는 프로그램도 있긴 하죠. 시트콤 〈프렌즈 Friends, 1994-2004〉는 몇 시즌 동안 어마어마하게 넓은 모니카의 아파트에 대해 아무 설명도 하지 않다가 결국 포기하고 이것이 사실은 모니카 할머니의 아파트라고 밝힙니다.

하지만 여기에도 문화 갭은 존재합니다. 예를 들어 우리나라 시트콤의 세트는 일반 가족의 기준으로 보면 넓지만 미국 시트콤의 세트보다 훨씬 좁지요. 그렇다고 배우들이나 스태프들이 심각한 불편함을 느끼지는 않잖아요. 하긴 좌식 문화가 당연시되는 우리나라에서는 공간을 활용하는 방법이 서양인들과 다르기도 합니다. 이 점은 조금 더 연구해봐도 재미있을 것 같군요.

후일담 이 원고는 2008년에 썼습니다. 여기에 우리나라 드라마의 최근 경향을 추가해야 할 것 같습니다. 최근 몇 년 동안 한국 드라마의 세트들은 비정상적일 정도로 넓어지고 높아졌습니다. 부유층 묘사라고 우기지만 그래도 좀 심할 정도이죠. 〈도깨비 2016-2017〉나 〈시카고 타자기 2017〉와 같은 TvN 드라마에 나오는 엄청나게 높은 천장이 있는 세트들을 보세요. 요새 이들은 한국인들이 집 안에서 신발을 벗고 생활한다는 것도 종종 잊는 거 같습니다. 〈SKY 캐슬 2018-2019〉에서 노승혜가 하이힐을 신고 집 안을 또각거리며 돌아다닐 때마다 전 어리둥절하지 않을 수 없답니다.

”

디즈니 영화니까요.

주인공의 부모님들은 곧 죽을 거예요.

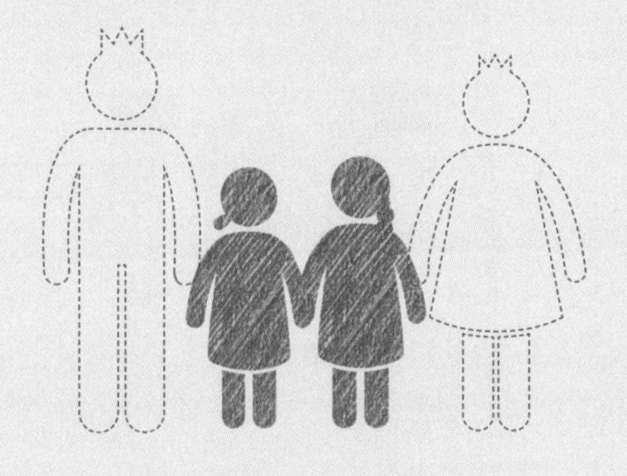

제니퍼 리 〈겨울왕국 Frozen, 2013〉 감독/작가

16

두 글자 제목을 선호하는 한국 영화계

2013	2014	2015
관상	명량	대호
공범	해적 바다로 간 산적	손님
타워	군도 민란의 시대	암살
소원	타짜 신의 손	함정
화이 괴물을 삼킨 아이	역린	사도
감기	경주	간신
창수	표적	스물
닥터	해무	탐정 더 비기닝
만신	가시	더 폰
배꼽	설계	특종 량첸살인기
누나	맨홀	협녀 칼의 기억

2016	2017	2018
곡성	공조	인랑
순정	더 킹	버닝
터널	해빙	물괴
사냥	악녀	독전
트릭	재심	명당
그물	하루	창궐
밀정	용순	마녀
럭키	문영	공작
자백	리얼	염력
분장	박열	군산
초인	옥자	변산
동주	재꽃	궁합
춘몽	침묵	영주
대결	그 후	협상

"한때는 두자 제목이
안 된다는 분위기가 있었지만,
〈접속〉 이후 〈약속〉 〈편지〉
〈쉬리〉 등이 이어지면서 사라졌다."

– 제목 바뀐 한국영화들 「씨네21 2002. 10. 12」

17

등에 꽂힌 칼

개인적으로 아주 좋아하는 클리셰 중 하나입니다. 프랑스와 트뤼포의 마지막 영화 〈일요일이 기다려진다 Confidentially Yours, 1983〉에서 예를 하나 뽑아보죠. 스탠리 큐브릭의 〈영광의 길 Paths Of Glory, 1957〉이 상영되고 있는 극장 안에서 누군가가 매표원을 부릅니다. 극장에 들어갔던 매표원은 잠시 뒤 비틀거리면서 극장 밖으로 나와 표를 사려고 기다리던 손님의 품 안에 쓰러지고 등에 꽂힌 무시무시한 단검이 드러납니다.

왜 하필이면 등일까요? 살인범이 해부학에 아주 밝지 않는 한 뒤에서 사람을 찔러 죽이는 건 결코 쉽지 않습니다. 훨씬 깊게 찔러야 하는 것은 물론이고요.

물론 극적인 효과를 위해서지요. 등에 꽂힌 칼은 관객들에게 갑작스러운 충격을 주기 위해 고안되었습니다. 이 효과가 진부하다는 것을 잊고 본다면 등에 꽂힌 칼이 영화에 상당히 멋진 리듬을 준다는 걸 알게 될 겁니다. 피해자가 비틀거리며 걸어 들어옵니다. 우리는 그 사람한테 일어난 폭력적 사태에 대해서는 모르지만 비틀거리는 걸음걸이로 무언가 잘못되었다는 것을 짐작하게 됩니다. 피해자는 한참 관객들을 불안하게 만들다가 결국엔 푹 쓰러지면서 클라이맥스의 비명을 자아냅니다. 이 클리셰만의 분위기 조성과 압축된 폭력은 호러 영화에서 괴물이 나오기 전에 내보내는 음산한 음악이 주는 효과를 음악 없이 처리하는 것과 같습니다.

'등에 꽂힌 칼'은 그 비현실성 때문에 곧 진부해졌지만, 사실 진짜 효과적으로 애용되기 시작한 것은 이 트릭이 클리셰로 전환된 뒤부터였습니다. 특히 코믹 추리물에서 이 트릭은 자주 쓰였지요. '등에 꽂힌 칼'의 비현실성은 살인이라는 폭력의 잔인함을 약화시켰습니다. 양식화된 기호로서의 살인이 요구되었던 코미디 장르에서 이 클리셰를 완화제로 사용한 것은 당연했지요.

'등에 꽂힌 칼'을 가장 자주, 그리고 효과적으로 사용한 사람은 알프레드 히치콕이었습니다. 그는 〈39계단 The 39 Steps, 1935〉에서처럼 이 트릭을 진지하게 사용하기도 했지만 〈북북서로 진로를 돌려라 North By Northwest, 1959〉에서처럼 사건의 비현실성을 강화시키는 데 사용하기도 했고 〈알프레드 히치콕 극장 Alfred Hitchcock Presents, 1955-1962〉의 오프닝에서 그랬던 것처럼 순수하게 농담으로만 사용하기도 했습니다. 등에 칼이 꽂힌 피해자는 히치콕의 영화에서 영화로 넘나들며 그의 영화를 「이상한 나라의 앨리스 Alice's Adventures in Wonderland, 1865」와 같은 기괴한 판타지의 세계로 개조했습니다.

이제는 '등에 꽂힌 칼'은 거의 사용되지 않습니다. 진부함을 이용한 농담으로 사용될 수 없을 정도로 진부해졌기 때문일까요? 네, 맞습니다. 그것도 이유입니다. 모든 농담에는 수명이 있는 법입니다.

하지만 더 큰 이유가 있습니다. 세상은 더 폭력적이 되었습니다. 더 이상 관객들은 완충제가 필요하지 않아요. 현대 관객들은 토막 난 시체와 무자비한 총격전을 보고도 웃습니다. 이런 관객들의 신경을 챙겨주기 위해 폭력을 추상화할 필요는 없죠. 누구 말마따나 기사도의 시대는 간 것입니다.

18

마지막 웃음

미국 텔레비전 시리즈에서 자주 써먹었던 공식입니다. 주로 액션 시리즈나 어린이용 만화에서 자주 썼던 것인데… 간단합니다. 사건이 해결되면 주인공들이 모여서 어처구니없을 정도로 시시한 농담을 하며 모두 와르르 웃어대는 거죠.

전 어렸을 때 그게 거의 법률로 정해진 것이 아닌가 하는 생각까지 했답니다. 그때 전 모든 할리우드 영화는 연인들의 키스로 끝나고 모든 미국 텔레비전 시리즈는 시시한 농담과 왁자지껄한 웃음으로 끝난다고 믿었어요.

대부분의 해피엔딩은 연인들이 맺어지면서 끝나니까 마지막 키스는 당연한 귀결입니다. 하지만 마지막 웃음은 왜 나오는 걸까요?

가장 기초적인 이유는 시리즈의 특성에서 찾을 수 있습니다. 단발로 끝나는 영화와는 달리 비슷비슷한 이야기가 반복되는 시리즈는 캐릭터들이 맺어지거나 하는 엄청난 일로 끝낼 수 없습니다. 보다 작은 결말이 필요해요.

요새 미국 드라마는 전체적으로 분위기가 어두워졌고 단발성으로 끝나는 에피소드의 비중도 낮아져서 다양한 결말이 나오고 있지만, 당시 액션 시리즈의 결말은 보다 고정화되어 있었습니다. 한동안 거창한 액션을 쏟아부었으니 막판에 긴장을 풀어주는 게 당연하다고 생각했던 거죠. 그 결과로 등장한 게 마지막 웃음입니다.

이런 것들은 요샌 굉장히 작위적으로 보입니다. 너무 봐서 지겨운데다가 컴컴한 스토리에서 시시한 농담으로 이어지는 연결 부분이 그렇게 매끄럽지 않기 때문이지요. 상황에 맞는 좋은 농담을 넣는 것은 더 힘들었고요.

그래서 요새는 이게 농담으로 더 많이 사용됩니다. 카툰 네트워크의 애니메이션 〈덱스터의 실험실 Dexter's Laboratory, 1996–2003〉과 같은 시리즈는 부조리하고 이치에 닿지 않는 장면에 '마지막 웃음'을 삽입합니다. 마지막 웃음의 밋밋함 때문에 그 장면의 부조리함이 더 커지는 거죠.

19

마지막 화재

구식 호러 영화에서 많이 사용됩니다. 특히 목제 건물이 많았던 과거를 무대로 한 고딕 호러물에서요. 해머 영화사*에서 제작된 호러물들은 거의 모든 작품이 화재로 끝난다고 해도 과언은 아니었죠. 비슷한 시기에 나왔던 로저 코먼의 에드거 앨런 포 영화들도 만만치 않았고요.

설정의 차이는 있습니다. 악당이나 주인공이 일부러 불을 지르기도 하고, 횃불이나 촛대가 떨어져 화재로 번지기도 하고, 미치광이 과학자의 연구실이 폭발하기도 하죠. 시작이 무엇이건 순식간에 불은 기둥과 대들보에 달라붙고 주인공들은 아슬아슬

* 1934년에 설립된 세계에서 가장 오래된 영화사 중 하나. 공포, SF, 누아르 등 다양한 장르 영화를 제작했다.

하게 탈출하며 악당들은 불타는 저택 안에서 장엄한 최후를 맞습니다.

왜 이런 결말이 그렇게 인기가 많았던 걸까요? 일단 이런 식의 시대물 호러들은 거창한 저택을 무대로 하는 경우가 잦았고 그 저택들은 종종 자기 개성을 가진 하나의 캐릭터로 등장하기도 했습니다. 그렇다면 저택에게도 퇴장의 기회를 주어야죠. 그냥 맹숭맹숭하게 집을 나서는 대신 불을 질러주는 게 예의인 겁니다. 게다가 이런 식의 저택들은 불타는 모습이 굉장히 포토제닉 해요. 그림이 되는 겁니다. 현대 건물에도 불을 지를 수는 있지만, 나무 기둥과 대들보가 화염 속에 조금씩 먹혀가는 그 장중한 느낌은 따라잡기 힘들죠. 이런 식의 화재가 조성하는 위기와 서스펜스도 무시할 수 없고요.

'마지막 화재'의 가장 큰 부작용은 모든 화재 장면들이 다 비슷해 보인다는 것입니다. 아니, 종종 정말로 똑같기도 해요. 해머 영화나 로저 코먼 호러나 다 저예산 소품들이었기 때문에 한 번 좋은 화재 장면을 찍으면 그걸 뽕을 뽑을 때까지 재활용했거든요.

20

망가지는 연기

우선 분명히 해야 할 게 있군요. '망가지는 연기'는 배우들의 연기 클리셰가 아닙니다. 비평가들과 관객들의 클리셰죠. 그것도 아주 극악스러울 정도로 따분한 종류입니다. 잘생긴 배우들이 외모를 망가뜨려야만 연기 변신에 성공한다는 일종의 미신적 믿음이죠.

많은 클리셰들이 그렇듯, 이것도 어느 정도 진실을 담고 있습니다. 배우들이 자신의 예쁜 외모에 지나치게 집착하면 연기의 폭이 좁아지죠. 캐릭터가 지옥 밑바닥을 구르고 있다면 작품의 진실성을 살리기 위해 외모를 포기해야 합니다. 그건 당연한 거죠. 여기까지는 아무런 문제가 없습니다.

슬슬 의심스러워지는 단계는 배우들이 이를 적극적으로 이용하는 것입니다. 미모의 배우가 일부러 외모가 망가지는 역을 맡아 배우로서의 재평가를 노리는 거죠. 가장 유명한 예는 〈디 아워스 The Hours, 2002〉의 니콜 키드먼과 〈몬스터 Monster, 2003〉의 샬리즈 테론입니다. 두 사람 모두 외모를 완전히 망가뜨리고 연기를 한 결과 아카데미상을 받았죠. 그들의 수상이 부당했냐고요? 아뇨. 둘은 모두 열심히 했고 연기 결과도 좋았습니다. 하지만 이런 망가지기가 정치적 선택이었다는 사실을 부인하기는 어렵죠.

여기까지도 사실은 괜찮습니다. 예술가가 자신의 위치에 안주하지 않고 새로운 도전을 하는 건 좋은 거죠. 그러는 동안 정말 평범하게 생긴 배우들의 기회를 빼앗는 것이라고 해도요. 언제부터 영화판이 그런 것까지 신경 써야 하는 곳이었답니까?

문제는 이것이 고정 관념이 되어 '연기를 잘하는 것'이 '외모나 이미지를 망가뜨리는 것'이라고 비평가들이나 관객들이 믿어버리는 것입니다. 이건 조금만 봐도 논리적 오류인데 사람들은 그걸 모르는 것 같습니다. 그리고 그것이 피드백이 되어 영화나 드라마를 만드는 사람들을 강요할 때는 정말 바보스러워집니다. 결과는? 우린 여자 배우들이 지저분한 차림으로 거실에 나와 양푼 비빔밥을 먹는 광경을 끝도 없이 봐야 합니다. 지겹다고 말해도 몰라요. '망가지기'를 외치는 사람들은 다른 기호를 알지 못하기 때문에.

망가지는 것은 정말 부수적입니다. 중요한 건 캐릭터예요. 한예슬이 〈환상의 커플 2006〉에서 그처럼 인기를 끌었던 건 그 사람이 '망가진' 캐릭터를 연기했기 때문이 아닙니다. 그 사람은 처음부터 무척 매력적인 캐릭터를 연기했는데, 그 캐릭터가 어쩌다 보니 그리 패셔너블하지 않은 차림으로 다닐 수밖에 없었고, 그 역시 캐릭터에 잘 맞아떨어졌던 것뿐이죠. 이건 사실 망가지는 것과는 전혀 상관없는 거예요. 한예슬은 그냥 예쁘고 매력적인 캐릭터를 연기한 것뿐이죠.

그들이 요구하는 '망가짐'에 대한 요구를 따른다고 배우들의 연기가 나아지는 것도 아니고 캐릭터가 더 매력적이 되는 것도 아닙니다. 가장 좋은 건 이미 가지고 있는 배우와 캐릭터의 가능성을 가장 잘 살리는 길을 찾는 것이지 주인공에게 무조건 양푼 비빔밥을 먹이는 게 아닙니다.

21

매력 없는 남자 주인공에게 달려드는 여자들

못생기거나 평범한 주인공이 잘생기고 돈 많고 능력 있는 사람과 연애하는 이야기는 넘칩니다. 특히 이성애 연애담일 경우는 그렇죠. 이럴 경우 대부분의 관객들이나 독자들은 평범한 주인공에 감정 이입하고 그런 주인공에게 멋진 이성이 좋다고 따라오는 이야기를 보면서 대리 만족할 수 있겠죠.

이 설정은 그렇게 보기만큼 말도 안 되는 이야기도 아닙니다. 잘생긴 사람이라고 늘 잘생긴 사람만 좋아하라는 법은 없지요. 평범하거나 못생긴 사람들이라고 해도 외모를 능가하는 매력이 있을 수도 있고 그런 매력이 없다고 해도 그냥 상대편을 편안하게 해주는 성품을 가졌을 수도 있습니다. 사랑과 인간관계는 예상외로 복잡해서 우리의 단순한 추측을 넘어서는 일들은 현실 세계에서도 자주 일어납니다.

그러나 그럼에도 불구하고 여전히 짚고 넘어가야 할 일이 있습니다. 적어도 왜 그 잘난 상대방이 주인공에게 빠지는지 그 이유는 제대로 설명해야 한다는 것이죠. 한마디로 주인공의 외적 조건이 아무리 시시해도 사람들의 호감을 살 무언가가 있다는 것을 보여주어야 합니다.

놀랄 만큼 많은 소설들이나 영화가 바로 이 당연한 부분을 건너뜁니다. 특히 주인공이 남자들일 경우가 더 그래요. 여자들이 주인공인 경우는 보다 신중합니다. 심지어 캔디 주인공을 내세운 연속극도 "내 따귀를 때린 여자는 태어나서 처음이야!" 정도의 기성품 논리를 제공하는 예의는 차릴 줄 압니다. 하지만 남자들이 주인공인 비로맨스물의 경우, 이런 예의는 아주 쉽게 잊힙니다. 주변 여자들은 남자 주인공에게 자석처럼 달라붙은 게 그냥 당연합니다. 아무리 그가 구질구질하고 재수 없는 인간이라고 해도요. 그 대단한 자신감은 다 어디에서 나왔는지 몰라요. 작가들이 현실 세계에서도 그러고 다니지는 않을 텐데.

최근 들어 순전히 일 때문에 이런 설정의 이야기들을 연달아 읽어야 했고 전 그 때문에 화가 좀 나 있습니다. 도대체 이 사람들은 자기가 만들어낸 절세미인, 미소녀들이 불쌍하지도 않는 걸까요? 그 절세미인, 미소녀들에게 조금 나은 상대를 제공해줄 수는 없는 거예요?

22

먼 산 보기

'눈빛 연기'(052쪽)의 대척점에는 '먼 산 보기'가 있습니다. 눈빛 연기가 남자 배우들의 전용이라면 먼 산 보기는 여자 배우들이 많이 쓰죠.

연기 방식도 정반대입니다. 눈빛 연기는 또릿또릿한 척하는 것이 목적이지만 먼 산 보기를 하는 배우들은 일부러 초점을 흐려 자신을 멍하게 만듭니다.

'눈빛 연기'와 마찬가지로 '먼 산 보기'에도 나름대로 이유가 있습니다. 몽상이나 회상에 몰두하는 사람들은 당연히 구체적인 외부 대상에 신경을 덜 쓰게 되니까요.

눈빛 연기와 마찬가지로, 먼 산 보기도 연기의 결과입니다. 아니, 연기의 결과여야 하죠. 생각에 빠진 사람들이 모두 먼 산만 바라보는 것은 아니니까요. 반대로 생각 없이 아무 의미 없는 구체적인 대상을 뚫어져라 바라보는 사람도 있습니다.

하지만 먼 산 보기도 곧 눈빛 연기와 같은 함정에 빠질 수밖에 없었습니다. 먼 산 보기가 암시하는 꿈, 회상, 환상과 같은 것들은 여성적 미를 강하게 풍겼고, 회상에 잠긴 듯 먼 산 보는 여자들도 꽤 아름답게 보였기 때문에 연기의 결과여야 마땅할 이 테크닉이 순식간에 기성품화돼버린 것이죠.

안이한 연출자의 밑에서 연기하는 안이한 배우들은 이 가짜 테크닉을 거의 모든 장면에 써먹습니다. 특히 캐릭터보다 이미지를 중요시하게 된 요새 와서는 정말 끝도 없이 남용되고 있지요. 연속극 시간대에 아무 공중파 방송국으로 채널을 돌려보세요. 어느 채널에선가 꼭 '이쁜' 주인공이 먼 산을 보고 있습니다.

23

모두 박수!

〈싸이보그지만 괜찮아〉의 스포일러가 있습니다.

마크 러셀의 블로그에서 〈싸이보그지만 괜찮아 2006〉의 평을 읽었어요. 그는 각본의 평이함과 진부함을 지적하기 위해 영화 클라이맥스에 아주 도식적인 클리셰가 삽입되었다는 걸 예로 들더군요. 어떤 거냐고요? 일순이 영군에게 드디어 밥을 먹이는 장면이죠. 영군은 숟가락에 담은 밥 위에 동치미를 하나 얹고 부들부들 떨며 그걸 입안에 가져갑니다. 몇 번의 주저와 실패 끝에 드디어 밥을 입에 넣고 씹었다가 삼키는 영군. 바로 그 순간, 병원 식당에서 그들을 바라보고 있던 환자들은 일제히 박수를 칩니다.

우린 여기에 '모두 박수!'라는 제목을 붙일 수 있을 것 같습니다. 공식은 간단하죠. 주인공은 지금 엄청난 무언가를 하는 중입니다. 그건 자기만의 도전일 수도 있고 여자 친구나 남자 친구에게 사랑을 고백하는 것일 수도 있어요. 하여간 그건 주인공 개인의 일이고 다른 사람들의 문제는 아닙니다. 하지만 도전이 시작되고 그것이 주변 사람들의 시선을 끈 뒤로, 그건 더 이상 혼자만의 일이 아니게 됩니다. 그걸 바라보는 수많은 사람들은 스포츠 경기나 연극을 보는 관객들처럼 주인공의 도전에 동참하게 되고 결국 그 사람이 성공을 거두면 우레와 같은 박수를 보내는 거죠.

〈싸이보그지만 괜찮아〉의 클라이맥스는 정말 모범적인 '모두 박수!' 장면입니다. 몇 가지 예를 더 들까요? 〈러브 액추얼리 Love Actually, 2003〉에서 콜린 퍼스 캐릭터가 연기한 영국인 작가가 포르투갈 가정부에게 사랑을 고백하는 장면은 어떨까요? 〈플라이 대디 2006〉에서 이문식 캐릭터가 버스와 경주하는 장면은 어떻고요? 뮤지컬이나 스포츠 영화 장르에서도 이런 예들은 많습니다. '쇼' 자체가 소재이기 때문에 극중 관객들이 극적으로 활용되는 경우가 많기 때문이지요.

왜 이런 장면들이 많이 사용될까요? 그건 영화의 클라이맥스에 힘을 실어주는 가장 손쉬운 방법이기 때문입니다. 혼자 하는 고백이나 승리도 충분히 감동적일 수 있습니다. 하지만 어쩔 수 없는 군집 동물인 우린 보다 많은 사람들이 주인공의 승리에 동참해주길 바라죠. 그 박수 속에서 주인공이 거둔 성취의 스케일과 의미가 더 커지는 것 같은 착각도 생기고요. 실제로 커지기도 해요. 주변 사람들의 박수와 환호는 일종의 영화적 오케스트라 역할을 하니까요.

24

몰래 데이트

몰래 연애하는 커플들 이야기는 영화보다는 연속극이나 시트콤에 더 자주 사용되는 도구입니다. 워낙 사례가 많기 때문에 고르기 위해 애쓸 필요도 없습니다. 일단 〈프렌즈 Friends, 1994-2004〉에 나오는 모니카와 챈들러를 보세요. 〈순풍 산부인과 1998-2000〉에 나오는 혜교와 창훈은 어떨까요? 〈웬만해선 그들을 막을 수 없다 2000-2002〉에 나오는 민정과 재황, 윤영과 오중은요? (네, 그 사람들은 모두 다 지금 들통났지만요.)

왜 이 친구들은 연애하는 걸 그렇게 감추는 걸까요? 혜교와 창훈은 나이차라도 나지만, 나머지는 그렇지도 않습니다. 다들 공개하고 다녀도 아무 문제없는 사람들이에요. 물론 친구 동생과 연애하는 것이 조금 껄끄러울 수도 있고, 그 밖의 하찮은 이

유도 있겠지만, 결코 대단한 이유들은 아닙니다. 선남선녀가 연애 좀 하겠다는데 주변에서 말릴 이유가 뭐가 있겠어요?

그런데도 그들은 필사적으로 자기들의 관계를 숨깁니다. 그래야 끊임없이 이어지는 에피소드들을 통해 이야기가 만들어지거든요. 몰래 데이트는 만들어낼 수 있는 이야기가 참 많습니다. 연애하는 상대방을 싫어하는 척할 수도 있고, 중간에 눈치 없는 제3자가 끼어들어 어설픈 삼각관계를 만들 수도 있으며, 몰래 하는 데이트이기 때문에 온갖 서스펜스가 발생할 수도 있습니다. 이야기 소재가 궁하기 마련인 시트콤의 경우, 참 고마운 공식이지요.

그러나 그러다 보니 설정에 억지가 많아지고 설득력이 떨어지게 됩니다. 점점 연인 사이를 가로막는 장벽들도 사라지고 있고요. 예전이라면 인종이나 계급, 부모들의 싸움이 대단한 문제겠지만, 요새는 그렇지도 않잖아요? 너무 잦아지다 보니 마구 데자뷔 현상이 일어나는 단점도 있고요. 윤영과 오중의 몰래 데이트가 그처럼 빨리 끝났던 것도 그 때문일 겁니다. 사실 자주 쓰면 쓰는 사람도 지겹거든요. 단물을 빼낼 구석도 많지 않았을 겁니다.

이 고마운 트릭을 재활용하기 위해서는 진부함을 극복할 만한 새로운 장벽을 만들어내는 게 가장 만만한 방법일 겁니다. 어떤 게 좋을까요? 쉽게 떠오르지 않는군요. 하긴 그렇게 즉석으로 만들어낼 수 있다면 이처럼 자주 반복되지도 않았겠지요.

25

못생긴 예쁜이

모순되는 표현 같죠? 하지만 할리우드에서는 아닙니다. 꼭 할리우드에서만 그런 것도 아니죠. 이미지를 가지고 노는 장르에서는 '못생긴 예쁜이'는 어떻게 보면 당연한 존재입니다. 제대로 돈을 들인 영상 매체에서 '못생긴' 주인공으로 나오는 사람이 정말로 못생긴 경우는 그렇게 많지 않습니다.

왜일까요? 이유야 여럿 있죠. 하나씩 열거해보기로 하겠어요.

첫째로 이런 영화의 대부분은 못생긴 상태를 극복해야 할 대상으로 보기 때문입니다. 당연히 바탕이 되는 사람이 못생긴 역을 해야죠. 이런 숨겨진 진주 이야기는 '안경을 벗어봐'(158쪽) 클리셰로 연결됩니다.

두 번째 이유는 실제로 연예계 사람들이 보통 사람들보다 예쁘기 때문입니다. 특히 스타라는 사람들이 그렇죠. 상업 영화에서 스타의 이름은 상당히 중요한데, 대부분 스타라는 사람들은 애당초부터 인상적인 외모를 타고난 사람입니다. 어떻게 보면 서로 주고받는 거죠. 우린 예쁜 사람들에게 스타 지위를 주고 스타를 요구하는 영화는 그 이쁜 사람들을 기성품 스타로 끌어오는 셈이니까요.

세 번째 이유도 위와 연결되어 있습니다. 전체적으로 영화판은 평균보다 예쁜 사람들이 부글거리는 곳입니다. 당연히 전체적인 평균 미모의 수준도 높아집니다. 어느 정도 예쁜 것 정도로는 못생긴 주인공을 연기해도 아무런 무리가 없는 것이죠. 앨리슨 해니건이 별다른 무리 없이 인기 없는 여자아이를 연기할 수 있는 것도 그 때문입니다. 〈버피 Buffy the Vampire Slayer, 1997-2003〉는 〈도슨의 청춘일기 Dawson's Creek, 1998-2003〉만큼이나 '프리티 피플 쇼'니까 진짜로 못생긴 사람이 나오면 오히려 튀었겠죠.

그렇다고 모든 영화에서 예쁜 사람들이 못생긴 사람 역을 도맡아 하는 것은 아닙니다. 그러나 상업 영화에서 '못생긴 예쁜이'를 몰아내기는 결코 쉽지 않을 겁니다. 우리도 속으로는 그들이 계속 남아주길 바라고 있고요.

26

미친 과학자

미친 과학자들은 대부분 중년을 넘긴 나이 든 아저씨입니다. 시작부터 이상하죠. 20세기의 천재 과학자들은 절정기가 빠른 사람들이었으니까요. 물리학의 경우, 천재라는 사람들은 최대의 연구 성과를 20대에 얻어내기 마련이었습니다. 막스 플랑크와 같은 예외가 있기는 하지만 어디까지나 예외였고요.

그들은 생김새도 비슷합니다. 대부분 아인슈타인의 클론과 같은 모습을 하고 있죠. 백발에 안경을 썼거나 수염을 길렀습니다. 그리고 전공이 무엇이건 꼭 그 약사들이 입는 하얀 옷을 입고 있습니다.

그들은 대부분 독신입니다. 아내가 있는 경우는 별로 없죠. 있었더라도 이미 사별했습니다. 아이가 있을 경우 대부분 딸입니다. 그래야 주인공과 연애를 할 수 있거든요.

그들이 공공 기관이나 대학에 속해 있는 경우는 별로 없습니다. 너무 막 나가는 연구 때문에 잘렸거든요. 그들은 보통 시험관들이 가득한 자기 실험실에서 연구합니다. 돈 많은 과학자는 부모가 물려준 성이나 저택에 삽니다. 대부분 구석진 곳에 있어서 근처에서 자동차가 고장 나면 꼭 그 성으로 도움을 요청하러 사람들이 달려옵니다.

그들은 의심 없고 정열적이며 인간 혐오자입니다. 그리고 언제나 독특한 악센트가 섞인 영어로 이야기하죠.

종종 그들은 세상을 정복하고 싶어 합니다. 세상 가지고 무얼 하려고 하는지는 모르겠어요. 아마 복수심 때문일 겁니다.

미친 과학자들 중 가장 많은 부류는 생물학자입니다. 그래야 괴물들을 만들 수 있거든요. 로봇을 만드는 엔지니어들도 있습니다. 미생물학자도 가끔은 있고 지하실에서 몰래 핵폭탄을 만드는 물리학자들도 있습니다.

그들 중 많은 사람들이 안 좋은 최후를 맞이합니다. 자기 괴물에게 당하는 게 대부분이죠. 괴물한테 당하지 않으면 자기가 괴물을 죽여야 합니다. 그리고 꼭 꼴사나운 젊은 남자가 나타나 딸을 빼앗아가죠.

미친 과학자들 중 열정적이고 긍정적인 사람들도 있습니다. 조디 포스터가 〈콘택트 Contact, 1997〉에서 연기한 과학자처럼 외계인과 접촉하는 경우도 있죠. 운이 더 좋으면 신비스러운 곳에서 내려오는 재원으로 거대한 연구실을 지어서 악당들로부터 지구를 지키는 로봇을 만듭니다.

미친 과학자들은 19세기 과학 시대의 산물입니다. 당시 사람들이 과학자들에게 품고 있었던 로맨틱한 미신들이 부푼 결과지요. 과학자들의 힘이 강화되고 그 지식이 점점 상식에서 멀어지자 미친 과학자들 역시 자라났습니다. 그리고 이런 걸 만화나 소설에서 본 아이들은 자기도 미친 과학자가 되겠다고 결심합니다. 다들 커서 얼마나 실망했을까요.

27

밀실 안의 괴물

닫힌 공간 안에 살인 괴물과 사람들을 같이 가두고 어떻게 하나 구경하는 이 사디스틱한 전통은 언제부터 시작되었을까요?

공식적인 시조는 리들리 스코트의 〈에일리언 Alien, 1979〉입니다. 하지만 그 이전에도 예가 없었던 건 아니지요. 〈에일리언〉 자체가 〈It! The Terror from Beyond Space 1958〉에서 상당 부분을 표절하고 있는걸요. 반 보이트의 SF 소설 「스페이스 비글 Voyage of the Space Beagle, 1950」에서도 어느 정도 아이디어를 빌려오고 있고요. 〈The Thing From Another World 1951〉와 같은 고전적인 선례도 있습니다.

〈에일리언〉이 시조라고 했지만 이 유행에 본격적으로 불을 댕긴 영화는 제임스 카메론의 〈에일리언 2 Aliens, 1986〉였습니다.

사실 우리가 〈에일리언〉하면 떠올리는 수많은 이미지들은 카메론의 작품이지요. 일단 〈에일리언 2〉 이전에는 시고니 위버는 여전사 이미지가 아니었잖아요.

하여간 이 영화의 성공은 1편 뒤에는 없었던 수많은 아류작들을 만들어냈습니다. 〈레비아탄 Leviathan, 1989〉, 〈딥 식스 DeepStar Six, 1989〉, 〈레릭 The Relic, 1997〉, 〈불가사리 Tremors, 1990〉…

왜 이런 영화들이 판을 치기 시작했을까요? 물론 성공적인 전작들이 있었으니까 그랬겠지요. 하지만 영화의 성공이 늘 장르를 만들어내지는 않습니다. 〈죠스 Jaws, 1975〉를 보세요. 그 뒤에 나온 상어 영화들은 결코 '밀실 안의 괴물'처럼 단단한 공식을 만들지 못했습니다.

이유는 여럿 있습니다. 우선 기술의 발전입니다. 컴퓨터 그래픽, 애니매트로닉스*, 특수 분장의 발전으로 괴물을 만들기가 아주 쉬워졌습니다. 예전에는 스톱 모션 애니메이션으로나 간신히 가능했던 괴물들을 훨씬 손쉽게 화면 위에 등장시킬 수 있게 된 것이죠. 기술의 발전으로 괴물들은 밀실 안에서 설칠 수 있게 훨씬 작아졌고 같은 화면 속에서 등장인물들과 훨씬 역동적인 액션을 펼칠 수 있게 되었습니다.

기술이 발전했으니 당연히 활용할 터를 찾아야죠? 그리고

* 영상 매체에 등장하는 인물, 가상의 생명체 등을 기계장치를 통해 구현하는 특수효과 기법.

'밀실 안의 괴물' 영화들은 그런 기술 활용에 최적이었습니다.

극적인 요소도 있었습니다. 예전 영화에서는 돌연변이 괴물들을 처단하기 위해 군대가 개입되는 일이 잦았습니다. 이건 아무리 생각해도 불공평하죠. 아무리 커다란 괴물들이라고 해도 전 인류를 상대로 하는 전투에서는 불리하기 때문입니다.

'밀실 안의 괴물' 트릭은 괴물에게 페어플레이의 가능성을 제공해 주었습니다. 이제 주인공은 괴물들보다 훨씬 불리한 입장에서 괴물과 싸워야 합니다. 물론 주인공이 끝에 가서 이기지만 그래도 괴물에게 훨씬 많은 기회가 주어졌다는 건 인정해야겠지요.

그러나 이런 이야기는 공식이 발전할 가능성이 적습니다. 그 때문에 이 클리셰 사전에 올라온 것이죠. 내용은 뻔하잖아요. 갇힌 곳에서 사람들이 한 명씩 죽어가고 그럴 때마다 사람들은 빠져나갈 방법을 생각하며 미로를 헤매고… 심지어 괴물의 생김새도 다들 비슷합니다.

이런 진부함은 적절한 독창성이나 아주 뛰어난 테크닉에 의해 극복될 수 있습니다. 대표적인 예는 〈불가사리〉로, 이런 종류의 괴물 영화들이 무대로 하는 침침한 닫힌 공간 대신, 활짝 열린 사막으로 '밀실 안의 괴물' 클리셰의 공간을 연장했습니다. 여전히 사람들은 '갇혀 있지만'* 보는 기분은 전혀 다르지요. 또

* 땅 아래에서 공격하는 괴물 덕에 사람들은 자동차나 바위 위에 고립된다.

다른 예인 〈쥬라기 공원 Jurassic Park, 1993〉은 뛰어난 감독과 일급 특수 효과의 도움을 받아 그 진부함을 극복한 작품입니다. 찾아보면 더 나올 거예요.

28

바뀐 선물

영화보다는 연속극에 쓰이는 도구입니다. 시청자들이 오랜 시간 동안 주인공들과 그들의 관계에 익숙해진 긴 호흡의 연애담에서 더 설득력 있게 쓰이거든요.

대충 다음과 같습니다. 등장인물 A에겐 애인 B와 친한 친구 C가 있습니다. 어느 날 A는 돈이 생긴 김에 B와 C에게 선물을 사주기로 마음먹습니다. 하지만 같은 곳에서 선물을 산 통에 B와 C의 선물이 바뀌어 버리지요. 여기서 이야기는 발산됩니다. 선물이 바뀐 걸 알고 필사적으로 그걸 만회하려는 A의 노력이 주가 될 수도 있고, 바뀐 선물 때문에 A의 감정을 오해하는 C의 이야기가 될 수도 있습니다. B와 C의 설정도 바뀔 수 있어요. 예를 들어 〈웬만해선 그들을 막을 수 없다 2000-2002〉에서 오중이는 어머니의 반지와 정수에게 선물로 줄 가짜 반지를 섞어버렸지요.

'바뀐 선물'이 반복되는 이유는 두 가지입니다. 첫째로 이 이야기는 서스펜스 넘치는 슬랩스틱 코미디의 설정이 될 수 있습니다. 악의 없는 주인공을 등장시키면서도 범죄물에나 먹힐 음모들을 써먹을 수 있는 거죠.

그러나 이 설정이 애용되는 진짜 이유는 이런 실수가 프로이트식 실수로 이해될 수 있기 때문입니다. 예를 들어 〈똑바로 살아라 2002-2003〉에서 정명이 여자 친구 려원에게 줄 목걸이 선물을 이성 친구 정윤이에게 준 이유는 단순한 실수가 아니라, 정말로 정윤이를 려원보다 더 생각했다고 설명할 수 있다는 거죠.

29

반전

“반전으로 사람을 놀라게 하는 수법은 이미 수명을 다했습니다…”라고 이야기를 시작했으면 좋겠지만 사실은 아닙니다. 아직도 그럴싸한 반전을 무기로 내세운 수많은 영화들이 있죠. 〈유주얼 서스펙트 The Usual Suspects, 1995〉나 〈식스 센스 The Sixth Sense, 1999〉와 같은 작은 영화들을 흥행 히트작으로 만든 것도 그들이 홍보용으로 내세운 뜻밖의 결말입니다.

위에 예를 든 영화들의 결말이 정말 그렇게 뜻밖인 걸까요? 그건 아닙니다. 두 영화 모두 선례가 있지요. 〈유주얼 서스펙트〉만 해도 추리 소설 장르에서는 아주 유명한 선례가 있습니다. 〈식스 센스〉 결말이야 유령 이야기의 단골이고요.

그런데도 사람들은 속습니다. 만드는 사람이 결말과 복선을 스토리에 잘 비벼 넣으면 이미 사용된 반전도 새로운 것처럼 보일 수도 있습니다. 그리고 요새 관객들은 기억력이 그렇게까지 좋지 못해요. 잊어버릴 때까지 기다렸다가 터트리면 대충 속죠.

문제는 사람들이 반전을 지나치게 대단한 것으로 생각한다는 것입니다. 〈식스 센스〉를 본 사람들은 정작 결말에 신경을 쓰느라, 영화 본래의 스토리와 주제를 거의 잊어버리다시피 했습니다. 〈디 아더스 The Others, 2001〉도 비슷한 경우일 겁니다. 반전을 눈치챘다고 으스대느라, 정작 영화가 무슨 이야기를 하려고 하는지 신경 쓰지 않았던 사람들이 상당히 많았으니까요.

반전이란 오직 사람들을 놀라게 하려고 존재하는 것이 아닙니다. 반전을 예측한다고 해도 반전의 가치가 사라지는 것은 아니죠. 그건 음악 끝의 코다*와 같은 것입니다. 반전은 '사람들을 얼마나 놀라게 하느냐'로 평가되어서는 안 됩니다. '구조상 얼마나 자기 기능을 하느냐'가 진짜 평가 기준이죠.

실제로 많은 반전들이, 사람들이 이런 반전들에 익숙하다는 걸 염두에 두고 쓰입니다. 〈와일드 씽 Wild Things, 1998〉이 그 대표적인 경우였습니다. 이 영화에서 반전은 사람들을 놀라게 하기 위한 것이 아니었습니다. 조금만 들여다봐도 규칙적으로 그런 식의 반전이 나올 거라는 건 알 수 있었으니까요. 중요한 것은

* 음악의 끝에 종결부로서 추가하는 부분.

이런 식의 규칙적인 반전이 만들어내는 야비한 블랙 코미디 스토리의 구조에 있었지요. 그런데도 게으른 평자들은 이 영화가 끝도 없이 사람들을 놀래주려고 한다고 투덜거렸습니다.

오늘의 교훈은 끝에 반전이 나온다고 해서 그게 영화의 핵심은 아니라는 것입니다. 마케팅 담당자들의 술수에 속지 마세요. 괜찮은 영화들은 깜짝쇼보다 더 많은 걸 가지고 있습니다. 깜짝쇼만으로는 아무것도 만들 수 없어요.

"3번의 반전, 3번의 충격
모든 반전을 비웃어라!"

–〈타임 패러독스 Predestination, 2014〉 포스터 홍보 문구

30

발표회 결석

일 때문에 아주 바쁜 엄마나 아빠가 있습니다. 그 사람에게는 분명 공들여 발레나 연극, 미식축구, 야구와 같은 것을 연습하는 딸이나 아들이 있겠죠? 하지만 자기 아이가 중대 발표나 시합을 하는 날마다 우리의 주인공인 엄마나 아빠는 참석하지 못합니다. 일이 너무 바빠서거나 자꾸 깜빡해서지요. 우리의 주인공은 장황한 변명이나 거짓말로 무마하려 하지만 잘되지 않습니다. 간신히 잡아놓은 다음 발표회나 시합도 또 까먹고 말고요. 덕택에 아이들은 엄마나 아빠에 대한 믿음을 점점 잃어버리게 됩니다.

여기서 뭔가 일어납니다. 초현실적인 일일 수도 있고, 아이에게 뭔가 끔찍한 사고가 생겼을 수도 있고, 주인공이 갑자기 개심을 했을지도 모르지요. 하지만 결론은 대부분 비슷비슷합니다. 주인공은 이번에는 절대로 발표회나 시합에 가겠다고 약속하지만, 하필 그날은 사업상 절대로 빠져서는 안 되는 중요한 날입니다. 게다가 만나야 할 사람은 그날따라 늦죠. 한참 망설이던 주인공은 결국 결심합니다. "맞아, 중요한 것은 내 딸(아들)의 발표회(시합)야. 내가 지금 가지 못하면 난 엄마(아빠)로서의 자격이 없어." 주인공은 사업상의 약속을 깨고 아이가 있는 학교로 달려갑니다. 물론 늦게 나타난 사업상 파트너가 주인공의 가족적인 면에 감명을 받아서 사업상의 일도 잘 풀리겠지요?

〈후크 Hook, 1992〉, 〈어느 멋진 날 One Fine Day, 1996〉… 바쁜 부모를 둔 아이들이 나오는 미국 영화들은 툭하면 '발표회 결석' 클리셰를 써먹고 있습니다. 뒷부분의 결말까지 나오지 않을지는 몰라도 발표회를 잊고 죄의식에 빠지는 미국 학부모의 이야기는 정말로 흔하지요.

50년대 미국 남성들에겐 아마 로빈 윌리엄즈의 캐릭터가 〈후크〉에서 느꼈을 죄의식은 낯선 것이었을 겁니다. 이 클리셰는 최근 미국 사회의 변화를 반영하는 것이겠지요. 맞벌이 부부가 늘어나고, 남녀 모두에게 가족의 중요성이 비슷한 비중으로 다가가고, 가족이라는 대상이 새로운 의미를 얻어가는 현대 미국을 사는 부모들은 모두 아이들의 발표회를 빼먹는 데에 조금씩 죄의식을 느끼고 있는 모양입니다.

하지만 우리 관객들에겐 아주 신기해보입니다. 두 가지 이유 때문입니다. 하나는 우리나라 아이들의 과외 활동은 그렇게까지 활발하지 않으며 의미도 미약합니다. 학교는 그냥 공부 공장이죠. 둘째로 우리 부모들은 그런 데 빠지는 것에 죄책감을 느낄 여유가 없습니다. 아마 우리나라 직장인들 대부분이 그렇겠죠. 애들이 시합에 나간다고 감히 일자리를 뜨다니요. 사치스럽기는! 우린 여전히 슬픈 나라에 살고 있습니다.

31

방사능 오염 돌연변이

참, 정답고 그리운 클리셰지요. :D 핵폭탄과 냉전 시대의 공포에 떨던 사람들을 한동안 재미있게 자극했던 트릭입니다.

설명이 불필요할 정도의 클리셰입니다. 정부가 텍사스나 어딘가에서 핵 실험을 하고 하필이면 그 근처를 지나가던 해 없는 동물이 이 방사능을 잔뜩 쬡니다. 이 운 좋은 괴물은 죽거나 앓는 대신 어마어마하게 커진 괴물이 되지요. 당대에는 안 되더라도 어마어마하게 커진 새끼를 낳을 때도 있습니다. 방사능 오염이 원인이 아니더라도 폭발 때문에 지하나 심해의 괴물이 깨어날 수도 있고요. 방사능과 전혀 상관없는 일로 커지는 괴물도 가끔 나왔습니다. 〈신들의 양식 The Food Of The Gods, 1976〉에서처럼 영양제 먹고 커버린 괴물들처럼요.

이런 영화들은 종종 메시지를 담는 척했습니다. 하지만 이런 영화의 제작자들이 정말 그런 것에 신경 썼을 리도 없고 이런 괴물 영화들이 정말 그런 메시지를 전달할 능력이 있었을 리도 없습니다. 이런 영화의 진짜 목적은 핵 위험의 메시지를 전달하는 것이 아니라 핵에 대한 공포를 품고 있던 사람들을 자극하는 것이었습니다. 당시 괴물 영화 제작자들의 흑심을 잘 보여주는 영화가 있어요. 〈마티니 Matinee, 1993〉가 바로 그 작품이지요.

하여간 50년대에는 참 많은 동물들이 커졌습니다. 개미, 전갈, 거미, 도마뱀… 이 말도 안 되는 괴물들은 거대한 팔다리를 놀리면서 도시를 휘젓고 다녔습니다.

컴퓨터 그래픽이나 애니매트로닉스가 없었기 때문에 당시 기술은 조잡했습니다. 대부분 분장시킨 작은 동물을 세트에서 찍어 합성하거나, 작은 마리오네트로 조종하거나, 심지어 손인형을 쓰기도 했지요. 물론 레이 해리하우젠*과 같은 스톱 모션 애니메이션의 거장들이 근사한 장면을 만들어내 주기도 했습니다만, 그것들은 돈과 시간이 꽤 들어갔습니다. 심지어 해리하우젠도 스톱 모션 애니메이션만을 고집할 수 없을 때가 많았으니까요.

그러나 지금 보면 그런 영화들도 나름대로 흥미진진합니다.

* 시각효과 발전에 크게 공헌한 미국의 영화 제작자.

그런 인형들이 커다란 척하면서 돌아다니는 모습에는 묘한 아름다움이 있습니다. 당시 영화의 거친 특수 효과는 묘하게 강렬한 비현실성을 만들어냈는데, 이건 요새 남발되는 컴퓨터 그래픽 화면에서는 맛볼 수 없는 것입니다.

물론 이 모든 것들은 예스러운 유행이 되어 버렸습니다. 요새 사람들은 방사능 때문에 거대한 괴물이 생겼다는 걸 쉽게 받아들일 만큼 순진하지는 않습니다. 과학 지식이 늘어서라기보다는 그런 소재를 다룬 말도 안 되는 영화를 너무 많이 봤기 때문이지요.

하지만 바로 그렇기 때문에 레트로 유행의 일부로 이런 이야기가 부활하기도 했습니다. 리메이크 된 〈고질라 Godzilla, 1998〉가 대표적인 예지요. 방사능 대신 유전공학을 쓰고 있기는 하지만 〈미믹 Mimic, 1997〉도 비슷한 방식을 이용하고 있고요.

32

방탄 선물

우리의 주인공이 악당의 총탄에 정통으로 가슴을 맞고 쓰러집니다. 하지만 "죽었구나!"라고 관객들이 생각하는 바로 그 순간 주인공은 슈퍼맨처럼 다시 일어나는군요.

비결이 뭘까요? 방탄조끼라도 입었던 걸까요? 그건 아니랍니다. 억세게 운이 좋았던 거죠. 총을 맞은 가슴 주머니 안에 뭔가 넣어두고 있었던 거예요. 그게 어쩌다 보니 방탄막 역할을 했던 거죠.

단순한 우연의 일치처럼 보이지만 그렇지 않습니다. 이런 설정을 '그냥 우연이다'라고 처리하는 경우는 없어요. 우연처럼 보이지만 사실 은밀한 초자연 현상이 개입되어 있답니다.

주인공을 살리기 위한 작가의 트릭이 아니냐고요? 그렇긴 하지만 그 이상입니다. 우선 방탄막이 된 물건이 그냥 물건인 적은 없거든요. 십중팔구 무척 소중한 물건입니다. 가장 많은 경우가 애인한테서 선물로 받은 것이고, 그게 아니라면 성경과 같은 종교적 상징물이며, 그것도 아니라면 어린 시절부터 우리의 주인공을 이끌었던 상징적인 물건일 수도 있죠.

이런 물건들이 몸을 바쳐 구했으니 관객이나 주인공이 여기에 우연의 일치 이상의 의미를 부여하는 것은 당연합니다. 그리고 그런 것들에는 정말로 의미가 있습니다. 〈슬리피 할로우 Sleepy Hollow, 1999〉를 보세요. 크레인은 카트리나가 선물로 준 책 때문에 목숨을 구합니다. 카트리나가 결백하다는 것을 알아차리고 서로에 대한 사랑을 확인한 바로 직후 말이에요. 이런 경우 카트리나의 책은 선언이 됩니다. 크레인은 단순히 주인공이기 때문에 살아남은 것이 아니었어요. 카트리나와 맺어지기 위해 살아남은 것이었지요. '영원한 사랑'과 '진정한 반쪽' 같은 로맨틱하고 뻔한 말들이 머릿속에서 와르르 쏟아지지 않습니까?

물론 이런 트릭은 오래전에 낡았습니다. 하지만 관객들은 방탄 선물에 대해서는 꽤 관대한 듯싶습니다. 이미 그 트릭이 낡았다는 것은 알고 있지만 이 노골적인 트릭이 제공하는 로맨티시즘과 운명론까지 버리고 싶은 건 아니기 때문이지요.

33

버스 커튼

등장인물 A가 한참 동안 찾고 있던 등장인물 B를 발견합니다. 이제 길만 건너면 B를 만날 수 있어요. 하지만 그때 커다란 버스가 나타나 그들 사이를 지나가고 그동안 B는 바람과 함께 사라져버립니다.

여기엔 다양한 변주가 있습니다. 버스가 아니라 트럭일 수도 있고 기차일 수도 있지요. 무대가 도시의 대로가 아닌 건널목일 수도 있고요. A는 범죄자인 B를 추적 중인 경찰일 수도 있고 어린 시절의 친구 B를 우연히 만난 평범한 사람일 수도 있습니다. 하지만 어느 경우건 한 가지는 분명해요. 커다란 교통수단이 마치 마술사의 장막처럼 갑자기 등장해 사람을 사라지게 만든다는 거죠.

B는 어디로 갔을까요? 논리적으로 생각해보면 그렇게 멀리 가지는 못했을 겁니다. 기껏해야 시야에서 사라지는 정도겠죠. 아마 그 사람은 골목 바로 뒤에 있거나, 지하철역으로 내려갔거나, 버스가 앞에 있는 동안 자기 차에 올랐을 겁니다. A가 잽싸게 대처하면 충분히 B를 따라잡을 수 있어요.

하지만 영화에서는 그렇지 않습니다. 영화는 철저하게 시각적인 매체입니다. 눈에 보이지 않으면 존재하지 않는 거죠. 그는 말 그대로 허공 속으로 사라지는 것입니다.

그런 걸 보면 영화는 여러 가지 면에서 마술과 비슷한 면이 있습니다. 관객들은 허상인 걸 알면서도 영화를 보는 동안엔 2차원의 스크린 위에 벌어지는 모든 황당한 일들을 그냥 믿어버리지요. '버스 커튼'은 간단한 편집의 트릭과 영화관이라는 신비스러운 공간이 작당해 만드는 마술입니다.

34

번개

번개는 대기 중에서 일어나는 방전 현상입니다. 단순한 자연 현상이지요. 하지만 전기가 뭔지, 방전이 뭔지 몰랐던 사람들에게 이 거창한 자연 현상은 공포의 대상이기도 했습니다. 당연히 초자연적인 설명들이 동원되기도 했고요. 가장 많이 동원된 설명은 '신의 처벌 도구'라는 것이었습니다.

벤자민 프랭클린이 유명한 연 실험으로 번개가 방전 현상이라는 것을 밝힌 뒤로 번개는 설명 가능한 영역으로 내려왔습니다. 하지만 신비주의의 갑옷을 완전히 벗어던진 건 아니었지요.

〈프랑켄슈타인 Frakenstein, 1931〉 영화가 대표적인 예입니다. 이 작품에서 주인공 프랑켄슈타인 박사는 괴물에게 생명력을 불어넣기 위해 번개를 이용하지요. 생각만큼 환상적인 이야기는 아닙니다. 19세기 사람들에게는 상당히 설득력 있는 이야기로 들렸을 수도 있는 아이디어죠. 갈바니의 실험으로 생체 전기에 대한 것이 밝혀졌고 번개도 전기라니, 번개로 죽은 생명체에 새 생명을 불어넣을 수 있지 않겠어요?

실제로 번개 맞은 사람들에게 사망이나 화상 이외의 변화가 일어나기도 합니다. 장님이었던 사람이 번개를 맞고 시력을 회복했다는 식의 사례가 지금도 가끔 보고되기도 하니까요.

물론 〈프랑켄슈타인〉 영화의 번개는 정말로 야무진 과학적 바탕에 기초를 둔 건 아니었습니다. 그 영화의 번개는 프랭클린의 실험 이후 재정립된 번개 미신의 일부였지요.

이제 많은 SF/환상물에서 번개는 사태를 뒤바꾸는 가장 안이한 도구가 되었습니다. 〈13일의 금요일 6 - 제이슨은 살아있다 Friday The 13th, Part VI : Jason Lives, 1986〉에서 제이슨이 어떻게 살아나던가요? 〈신조인간 캐산 新造人間キャシャーン, 1973-1974〉에서 안드로 일당은 어쩌다가 지구를 정복할 생각을 품게 되었을까요?

물론 가전제품이 사방에 널려 있는 현대에는 꼭 번개만 이런 기적을 일으킬 필요는 없게 되었습니다. 〈왓 위민 원트 What Women Want, 2000〉에서 멜 깁슨 캐릭터에게 여자들 마음을 읽는 능력을 부여한 건 번개가 아니라 가정 감전 사고였지요.

35

부활

〈E.T. E.T. the Extra-Terrestrial, 1982〉의 유명한 장면을 생각해보세요. E.T.가 죽자 불쌍한 엘리엇은 E.T.의 시체 앞에 홀로 앉아 서럽게 울고 있습니다. 그러다 엘리엇의 감정이 절정에 다다르자 갑자기 E.T.가 다시 살아나네요!

〈E.T.〉에만 이런 이야기가 나오는 건 아닙니다. 수많은 영화들이나 소설들이 이런 식의 결말로 클라이맥스를 만들고 있지요. 결말을 노출하게 되므로 직접 예를 들기는 어렵지만 말입니다.

죽은 줄로만 알았던 주인공이 갑자기 살아나는 이런 트릭이 이렇게 자주 사용되는 이유는 무엇일까요? 아마 '부활'이라는 것이 서구 관객들에게 주는 효과 때문이겠지요. 〈E.T.〉가 신약성서의 현대적 변형이라는, 이제는 보편화된 해석을 고려해보면 죽었다가 살아나는 것은 오히려 당연하지요. 〈E.T.〉처럼 노골적인 변형이 아니라고 해도 '부활'이라는 엄숙한 과정은 결말을 훨씬 거창하게 만듭니다.

두 개의 극단적인 감정이 교차하면서 발생하는 극적인 효과 역시 무시할 수 없습니다. 슬픔 뒤에 오는 기쁨은 훨씬 강한 법이니까요.

그러나 그보다 더 뻔한 이유가 있습니다. 이런 방식이 비극적 결말의 장점과 해피엔딩의 장점을 모두 갖추었기 때문이지요. 주인공의 가짜 죽음을 이용해 비극적 결말에 사용되는 온갖 감정 폭발을 다 써먹으면서도 관객들을 더 동원할 수 있고 극장 나와서 기분도 좋아질 해피엔딩을 버리지 않아도 되잖아요. 그 때문에 원래는 비극인 이야기가 이런 식으로 결말이 수정되는 경우도 많습니다. 무르나우의 〈선라이즈 Sunrise: A Song of Two Humans, 1927〉가 대표적인 예입니다. 여자 주인공이 죽지 않았으니 다행한 일이지만, 그래도 영화의 해피엔딩은 좀 억지로 붙인 것 같지 않던가요?

편리하죠? 네, 참 편합니다. 문제는 너무 편해서 상당히 작위적으로 보인다는 것이지요. 한참 주인공의 죽음에 눈물을 쏟다가 주인공이 갑자기 살아나면 배반당했다는 느낌을 받는 관객들도 생길 거고요. 자주 쓰이는 공식이지만 아주 잘 쓰려면 꽤 머리를 써야 합니다.

36

분명히 저기 있었는데!

〈북북서로 진로를 돌려라 North By Northwest, 1959〉에서 케리 그랜트의 캐릭터는 그를 납치한 악당들로부터 간신히 빠져나온 뒤, 다음 날 경찰을 데리고 다시 그 집으로 돌아옵니다. 하지만 악당들은 사라지고 없고 집에는 멀쩡한 상류사회의 중년 부인이 그들을 접대합니다. 당연히 그는 난처해지죠.

〈나는 네가 지난 여름에 한 일을 알고 있다 I Know What You Did Last Summer, 1997〉에서 제니퍼 러브 휴이트의 캐릭터는 차 트렁크 안에 살아있는 게들로 덮인 시체를 발견하고 허겁지겁 친구들을 불러옵니다. 하지만 다시 트렁크를 열어보니 게도 없고 시체도 없네요.

'분명히 저기 있었는데!' 클리셰는 호러 영화나 서스펜스 영화에서 많이 사용됩니다. 주인공이 시체나 흉기처럼 끔찍한 걸 발견해서 다른 사람들에게 알렸는데, 나중에 다시 와서 보니 그 끔찍한 건 바람과 함께 사라지고 없다는 거죠.

이 트릭의 목적은 주인공을 고립시키기 위한 것입니다. 특히 전문적인 액션 히어로가 아닌 보통 주인공을 다룰 때 더 자주 사용되지요. 만약 사람들이 위험이 다가왔다는 것을 그렇게 쉽게 믿는다면 이야기가 너무 쉽게 풀리지 않겠습니까? 이런 식의 증발이 반복되면 주인공은 '거짓말쟁이 양치기 소년'이 되고 결국 시체나 흉기가 증발되지 않는 동안에도 아무런 도움을 받지 못한 채 악당들과 혼자 싸워야 합니다. 물론 주인공을 믿지 못했던 사람들은 그동안 하나씩 죽어가거나 그만큼이나 고약한 곤경을 치르겠지요.

물론 이 모든 것들은 지극히 진부해졌습니다. 그러니까 이 사전에 올라왔지요. 하지만 사람들은 여전히 이런 트릭을 좋아하는 듯합니다. 어떤 진부함은 서스펜스를 가중시키기도 하는데, 이 트릭이 바로 그렇지요. 주인공이 시체를 버려두고 달아나기 시작하면 관객들은 외칩니다. "바보야, 그렇게 하면 안 돼!" 원래부터 친숙한 설정이 아니라면 그 장면은 그렇게 서스펜스가 넘치지는 않을 겁니다. 막판의 깜짝쇼만 있었겠죠.

심지어 주인공에게도 그런 불안함은 영향을 끼칩니다. 주인공 역시 이런 진부한 설정을 보고 들은 바가 있기 때문에 시체를 버려두고 경찰에 신고하는 게 결코 쉬운 일이 아니기 때문이지요. 주인공은 머뭇거리게 되고 거기서 또 서스펜스가 발생합니다.

농담으로도 쓰입니다. 얼마 전에 〈심슨 The Simpsons, 1989-〉 크리스마스 에피소드에서 하나 본 적 있어요. 학교에서 뭔가 이상한 일이 일어나고 있다는 걸 알아차린 리사가 호머와 함께 경찰을 데려옵니다. 리사가 뭔가를 보았던 벽장문을 경찰이 열려고 하자 호머가 외칩니다. "그렇게 열면 아무것도 없는 것 아니야? 그래서 경찰이 돌아가면 나중에 괴물이 튀어나오는 거 아니야?" 원래는 훨씬 더 긴 대사였지만 뜻은 그랬어요.

"마치 공포 영화처럼 되는 것 아니야?
이 문을 열어보면 아무것도 없고,
우리는 네가 미쳤다고 생각하지만,
결국 다음날 내가 로봇 살인마에게
전봇대에 꽂힌 시체로 발견되는 거지."

- 호머 〈심슨 The Simpsons S11E09, 1999〉

37

불치병

말 그대로 주인공이 불치병에 걸린다는 것입니다. 십중팔구 죽어요. 암, 백혈병, 결핵… 80년대 이후에는 에이즈가 인기를 끌었고요. 병은 계속 생기니 앞으로도 새로운 질병들이 나와 불치병 클리셰를 채워줄 것입니다.

이 클리셰가 가장 인기리에 사용되는 부분은 로맨스입니다. 두 사람이 정말로 사랑하는데, 그만 한 명이 세상을 떠난다는 거죠. 그것도 (이게 가장 중요합니다) 젊고 아름다운 상태로요. 에릭 시걸의 「러브 스토리 Love Story, 1970」가 가장 고전적인 원형을 제공해주고 있지요. 아들 뒤마의 「춘희 La Dame aux camélias, 1848」도 만만치 않습니다. 대부분 죽는 건 여자 주인공들인데, 이들은 영화 속에서 병에 걸린 뒤 더 아름다워지는 신비한 현상을 체험하죠.

불치병 클리셰는 보다 철학적인 용도로 사용되기도 합니다. 어차피 우린 불치병에 걸려 있지 않아도 시한부 인생을 살고 있지요. 갑작스럽게 떨어진 불치병의 선고는 그 간단한 사실을 환기하고 우리에게 삶의 의미에 대해 돌이켜 보게 해 주는 도구가 되기도 합니다. 최근의 예로는 장 마크 발레 감독의 〈달라스 바이어스 클럽 Dallas Buyers Club, 2014〉과 프랑스와 오종의 〈타임 투 리브 Le temps qui reste, 2005〉를 들 수 있겠군요.

가끔 반전이 있는 경우도 있습니다. 주인공이 죽지 않는 거죠. 인터페론이 암 치료제로 각광을 받았던 몇십 년 전에는 이 기적의 명약 때문에 목숨을 건진 주인공들이 있었습니다. 그보다 인기 있는 건 의사의 오진이지요. 장진의 〈아는 여자 2004〉가 거기에 가장 뻔한 예를 제공해주고 있습니다.

38

비밀통로, 비밀공간

비밀통로와 비밀공간은 영화 시대의 클리셰가 아닙니다. 기원만 따진다면 훨씬 오래되었죠. 이 도구의 전성기는 고딕 소설과 로맨티시즘이 유행이던 19세기 전후였습니다. 아르센 뤼팽 소설만 봐도 툭하면 비밀 입구로 감추어진 비밀의 방이나 비밀통로가 나오잖아요.

이 설정은 생각하기 귀찮은 대중문학가의 환상이 아니었습니다. 뤼팽 소설에서처럼 편리하지는 않았지만, 실제로 유럽에서 지어진 많은 옛 건물들이 비밀통로를 갖추고 있었습니다. 그게 한동안 유행인 적도 있었어요. 안전을 위해서이기도 했고 그냥 멋있어서 그러기도 했죠.

하지만 영화의 시대가 오기도 전에 비밀통로는 구닥다리 클리셰가 되었습니다. 특히 추리 소설에서는요. 당연하지 않겠어요? 근사한 밀실 살인이 일어났는데, 정답이 "비밀통로가 있었다"이면 얼마나 실망스럽겠어요? 진짜 괜찮은 퍼즐 미스터리를 만들려면 비밀통로나 비밀의 방은 처음부터 추방해야 합니다. 게다가 그러는 동안 건축법은 강화되었고 사람들은 유지비만 비싼 대저택이나 성을 떠나 보다 작고 안락한 현대식 아파트나 건물로 이사했습니다. 비밀통로가 등장할 기회는 점점 사라져만 갔습니다. 그러나 아주 사라진 건 아니었습니다. 고딕 소설의 비밀통로가 가진 로맨틱한 느낌은 줄어들었지만 그래도 다양한 변종들이 남아 있어요. 가장 대표적인 경우가 현대 건축물을 무대로 한 스릴러에서 자주 쓰이는 환기용 닥트입니다. 잘 눈에 뜨이지는 않지만 건물 곳곳과 연결되어 어디로든 갈 수 있으니, 일종의 현대판 비밀통로인 셈이죠. 또 다른 현대적 변형은 컴퓨터 네트워크입니다. 사람의 몸이 직접 드나들 수 있는 물리적 통로는 아니지만, 해킹 과정을 통해 비밀통로와 거의 같은 역할을 하는 연결선이 만들어지는 겁니다.

작정하고 비밀통로와 비밀공간의 구닥다리 느낌을 밀어붙이는 작품들도 있습니다. 그중 제가 가장 좋아하는 건 애니메이션 〈덱스터의 실험실 Dexter's Laboratory, 1996-2003〉입니다. 분명 이층에 있는 덱스터의 침실과 지하에 있는 비밀 실험실을 연결하는 통로가 어떻게 존재할 수 있는지는 아직도 미스터리지만.

39

빨간 셔츠의 죽음

이 클리셰는 '할리우드 살생부'(256쪽)의 일부입니다. 하지만 조금 독특하기 때문에 따로 다루어도 될 것 같아요. 사실 제가 이 소재를 따로 다루는 건 순진히 할리우드 살생부에 대해 이야기하다가 이걸 빼먹었기 때문이지만 말입니다.

'빨간 셔츠의 죽음'은 〈스타트렉〉 시리즈의 우주에 속해 있습니다. 자, 머나먼 우주로 탐사를 떠난 엔터프라이즈호가 은하계를 가로지르는 도중 이상한 행성에서 정체불명의 괴신호를 받습니다. 당연히 무슨 일인지 확인하기 위해 내려가 봐야겠지요? 곧 탐사대가 결성됩니다. 커크 선장, 미스터 스포크, 맥코이, 그리고 지금까지 시청자들이 한 번도 본 적 없는 빨강 셔츠를 입은 승무원이 하나나 둘.

이 빨간 셔츠를 입은 사람들은 왜 등장하는 걸까요? 간단합니다. 엔터프라이즈호가 돌아다니는 우주는 무시무시한 곳이기 때문에 돌아다니는 곳마다 사상자가 한둘 생기기기 마련입니다. 하지만 고정 캐릭터인 커크 선장이나 미스터 스포크를 죽일 수는 없겠지요? 이 사태를 해결하기 위해 작가들은 빨강 셔츠를 입은 일반 승무원을 만들어 동원하게 됩니다. 불쌍한 사람들이에요. 순전히 죽기 위해 태어났으니까요.

빨간 셔츠들은 영화 버전에서도 등장했습니다. 다행히도 영화 버전 〈스타트렉 Star Trek: The Motion Picture, 1979〉의 빨간 셔츠들은 텔레비전 시리즈보다 운이 좋았죠. 일리아 중위나 윌러드 데커는 실질적인 주인공이었으니까요. 그 못생긴 빨간 셔츠도 입을 필요 없었고요.

〈넥스트 제너레이션 Star Trek: The Next Generation, 1987-1994〉, 〈딥 스페이스 나인 Star Trek: Deep Space Nine, 1993-1999〉, 〈보이저 Star Trek: Voyager, 1995-2001〉로 이어지면서 빨간 셔츠들은 서서히 사라져 갔습니다. 세월이 지나자 점점 사상자들이 줄어 갔고 사상자들을 다루는 방식도 세련되어진 것이지요. 요새 나오는 〈스타트렉〉 시리즈에서 노골적인 죽음의 빨간 셔츠를 입은 승무원들은 거의 등장하지 않습니다. 그래도 아직도 많은 〈스타트렉〉 팬들은 '빨간 셔츠'나 '빨간 셔츠를 입은 사람'과 같은 표현을 '운수 없는 놈'쯤의 의미로 사용하고 있답니다.

후일담 2013년 휴고상 수상작인 존 스칼지의 소설 「레드 셔츠 Redshirts, 2012」는 대놓고 이 클리셰를 풍자한 작품입니다. 이 소설에서 주인공들은 자신이 〈스타트렉〉을 흉내 낸 싸구려 SF 시리즈의 소모품 캐릭터라는 것을 알게 됩니다!

40

살인마의 마지막 기회

〈스크림 Scream, 1996〉에서 주인공 시드니가 마침내 살인마를 쓰러뜨리자, 영화광인 랜디가 말합니다. "조심해, 영화에서 보면 살인마는 마지막에 다시 살아나거든." 정말로 살인마는 다시 눈을 뜨고 시드니는 확인 사살을 해야 하죠.

꼭 죽은 줄 알았던 살인마, 악당, 괴물이 다시 살아나 관객들을 놀래는 트릭은 그렇게까지 오래된 것 같지 않습니다. 예전에도 없지는 않았겠지만 본격적으로 유행하기 시작한 것은 슬래셔 무비의 유행 이후였지요. 드라마 대신 다양한 살육의 리듬으로만 영화를 끌어가야 했던 슬래셔 무비에서 이런 깜짝쇼는 유용했습니다.

'살인마의 마지막 기회' 트릭의 가치는 순전히 리듬감에 있습니다. 아주 정확한 비유는 아닐지 몰라도 베토벤의 길게 늘어지는 코다와 비슷하다고 할 수 있죠. 두 번째 깜짝쇼는 결말을 강화해 전체 영화를 화끈하게 만듭니다.

이런 트릭은 대부분 당위성의 측면에서 문제가 많지만 관객들의 심리를 생각하면 오히려 문제가 없습니다. 관객들은 살인마가 굉장한 존재이기를 바라니까요. 첫판에 죽어 넘어지면 영화가 싱거워지죠.

이제 이 클리셰는 상당히 귀찮은 짐이 되어 버렸습니다. 〈스크림〉에서야 농담으로 처리했지만 다른 영화에서는 이러지도 저러지도 못하고 있죠. 생각해보세요. 이제 관객들은 이런 깜짝쇼에 놀라지도 않습니다. 도대체 안 하는 곳이 없으니까요. 하지만 그렇다고 안 하자니 뭔가 빠진 것 같습니다. 언제나 충격이 있던 자리를 그냥 비워두고 충격 없이 넘어가니 관객들은 시시하다고 느끼지요. 예를 들어 스필버그의 〈쥬라기 공원 Jurassic Park, 1993〉은 B급 호러 영화의 규칙을 상당히 잘 따른 긴장감 넘치는 작품이었지만 마지막 쇼크가 없었기 때문에 당시 많은 관객은 뭔가 빠졌다는 느낌을 받았습니다. 그래서인지 〈쥬라기 공원〉의 속편인 〈잃어버린 세계 The Lost World: Jurassic Park, 1997〉에는 거대한 '두 번째 기회' 시퀀스인 샌디에고 장면이 추가되었습니다.

이 사태를 어떻게 극복할 것인가? 새로운 공식을 창안해내는 건 한동안 어려울 것 같습니다. 보다 창의적으로 짜인 드라마만 이 유일한 해결책처럼 보이는군요.

"잠깐만, 죽은 것 같지만
맥박을 확인해볼게."

- 롤리 〈퍼시픽 림 Pacific Rim, 2013〉

41

살인마의 클리핑

미치광이 범죄자들을 소재로 한 할리우드 영화에 쓰입니다. 우리의 주인공 형사가 마침내 위험하기 짝이 없는 미치광이 범죄자의 아지트를 알아냅니다. 그곳은 십중팔구 배수가 형편없고 볕도 잘 안 드는 컴컴하고 냄새나는 아파트죠. 주인공이 불을 켜는 대신 회중전등을 들고 안으로 들어오면 엄청난 작품이 그를 맞이합니다. 지금까지 살인마가 진행하거나 계획하고 있던 모든 범죄들을 설명하고 다음 범행을 예고하는 엄청난 양의 신문 기사나 사진들이 한쪽 벽을 가득 채우고 있는 것이죠. 그 순간 주인공은 허겁지겁 휴대전화를 들고 경찰이나 상사에게 연락합니다. 범죄자는 다음 어느 곳에 있고 무슨 범행을 저지르려 한다고요.

내용상 몇 가지 변주가 존재하지만 기본 구조는 거의 같습니다. 영화 속의 범죄자는 컴퓨터나 노트에 꼼꼼하게 자신의 계획을 기록하는 대신 벽 전체를 캔버스 삼은 거대한 콜라주 작품을 만드는 걸 더 좋아합니다. 누가 들어와서 그걸 구경할지도 모른다는 생각은 전혀 안 하는 것 같아요. 물론 정말 그렇게 누군가가 들어와서 본다면 그 사람은 죽은 목숨이겠죠. 주인공이 아니라면요. 조금 더 영리한 범죄자라면 이걸 오히려 도구로 사용할 수 있겠군요. 정성껏 만든 가짜 클리핑을 전시해 형사들을 엉뚱한 방향으로 유도하는 거죠.

왜 이 사람들은 들킬지도 모르는 걸 알면서 이처럼 거대한 작품에 매달리는 걸까요? 그거야 그게 더 그림이 되니까요. 영화는 기본적으로 시각적인 매체입니다. 논리보다 구경거리를 더 좋아하죠. 그리고 '살인마의 클리핑'은 잘만 꾸민다면 근사한 구경거리이며 영화적 장치입니다. 구차스럽게 주인공이나 살인마에게 강연을 시키는 대신 클리핑 위로 카메라만 죽죽 그어도 이야기가 설명되는걸요. 더 좋은 건 주인공이 추론 과정 중 체험하는 '에피파니*의 경험'을 관객들과 공유할 수 있다는 것입니다.

한국 호러 영화 〈스승의 은혜 To Sir, With Love, 2006〉에서 거의 모

* 우연의 순간에 깨닫게 되는 것을 이르는 말. 통찰, 직감 등을 의미한다.

범적인 '살인마의 클리핑'을 볼 수 있었습니다. 그 장면은 이 영화가 결말을 도용한 모 할리우드 영화에서 사용된 것인데, 사실 오리지널 쪽이 그 도구를 더 창의적으로 사용했습니다. 모범생처럼 공식을 따라 한 〈스승의 은혜〉와는 달리 그 영화에서는 공식적인 클리핑 자체를 지워버리고 사방에 흩어진 물건들을 조합해 에피파니에 도달하는 과정만을 보여주었거든요.

제목에서는 살인마만 다루었는데, 이런 미술 작품을 만드는 사람은 살인자만이 아닙니다. 형사나 탐정도 마찬가지죠. 단지 이들의 작품은 공개적입니다. 들킬까 봐 걱정할 필요가 없어요. 누구의 작품이건, 영어권에서는 이 정신 나간 예술 작품을 'Crazy Wall'이라고 부른답니다.

42

설정집

풋내기 SF작가들이나 판타지 작가들이 저지르는 가장 뻔한 실수 중 하나는 자기만의 우주를 창조해내는 작업이 뭔가 굉장히 대단한 것이라고 착각하는 것입니다.

그건 정말 따분한 착각입니다. 세상에 그것처럼 쉬운 건 없죠. 여러분도 아무런 준비 없이 지금 당장 할 수 있습니다. "알로*브라카라프출*이라는 행성에 *오롤라부하*라는 나라와 *블로하나바스*라는 나라가 전쟁 중이었다. *오롤라부하*의 왕인 *브루콜롤티차*는 일곱 개의 머리를 가진…" 물론 장편 소설을 쓰려면 그보다 조금 더 복잡한 작업이 필요합니다. 하지만 이런 건 대부분 20세기 초의 상하이처럼 실제로 존재했던 세계를 재창조하는 것보다 훨씬 쉽고 공도 덜 듭니다.

이런 가짜 세계 중에서도 잘 만들어진 세계가 있고 못 만들어진 세계가 있습니다. 하지만 한 가지는 분명합니다. 독창적인 설정을 만들고 그것들을 제대로 운영해낼 줄 아는 사람들은 자기만의 우주를 만든다는 행동 자체에 큰 의미를 두지 않을 정도로 똑똑하다는 거죠. 이걸 반대로 이야기한다면, 시작부터 요란하게 자기가 만든 우주를 광고해대는 사람들은 대부분 별 실속이 없다고 할 수 있겠습니다.

핑계가 있는 사람들도 있습니다. 예를 들어 〈반지의 제왕〉의 각색자들은 영화 도입부에 미들 어스의 역사를 설명하는 긴 설정 소개를 넣었습니다. 원작자 톨킨은 이런 것 없이도 이야기를 진행시킬 줄 알았지만 영화에서는 넣어주는 게 좋았죠. 책 하나 분량의 이야기가 영화 앞에 놓여 있었으니 말이에요.

하지만 자기네들이 만든 우주가 너무나도 복잡해서 관객들이 따라가지 못할 거라고 걱정하며 작가들이 삽입하는 프롤로그는 대부분 쓸모가 없습니다. 〈언더월드 Underworld, 2003〉를 보세요. 늑대 인간과 뱀파이어의 전쟁에 대해 이야기하는 셀린의 프롤로그는 있어도 그만, 없어도 그만입니다. 그런 것 없이도 관객들은 10분 안에 모든 설정을 꿰뚫어 보기 마련이죠. 도대체 이해 못 할 게 뭐가 있어요? 영화가 시작되자마자 늑대 인간들과 뱀파이어들이 으르렁거리며 싸우는 게 눈에 보이는데 말이에요. 〈이퀼리브리엄 Equilibrium, 2002〉 역시 마찬가지. 앞에서 자상하게 설정을 소개해주지 않아도 그 세계가 감정이 통제되는 디스토피아고 그들이 가끔 자기에게 주사하는 '프로지움'이 감정을 억제하는 약물이라는 건 몇 분만 지나면 알 수 있습니다. 그런데도 그들은 설명을 넣어야 합니다.

설정집 프롤로그보다 더 따분한 건 진짜 설정집입니다. 이런 것들을 특정 텔레비전 시리즈나 영화 시리즈의 팬들이나 비평가들이 만든다면 재미있을 수도 있습니다. 하지만 그 시리즈를 만든 사람들이 직접 자기 우주의 설정집을 공개한다면 그 결과는 종종 그냥 우스꽝스럽기만 하죠.

43

성급한(또는)덜 익은 화해

거의 모든 시청자들이 〈SKY 캐슬 2018-2019〉의 마지막 회에 분노했습니다. 혜나의 죽음 이후 뭔가 엄청난 일이 일어나 캐슬을 파국으로 몰고 갈 것이라고 기대했는데, 작가는 펼쳐놓은 떡밥 중 어느 것도 제대로 수습하지 않았습니다. 분명 더 복잡한 진상이 숨어 있을 거 같은 추리 파트를 건성으로 건너뛴 것도 문제였지만 더 나쁜 건 갈등을 처리하는 방법이었습니다. 마지막 회가 다가오자 늘 서로를 잡아먹을 것처럼 으르렁거리던 극중 캐릭터들은 갑자기 모두 단체로 참회하고 화해하고 용서하는 길을 택했습니다. 어이가 없었지요.

이 결말에 만족한 유일한 사람은 아마 이외수 작가였던 거 같습니다. 다음과 같은 트윗을 올린 걸 보면요.

"Sky 캐슬 종방. 막장 드라마의 종식을 예고하면서 이 시대의 잘못된 가치관을 수정한, 감동과 재미를 겸비한 최고의 수작이었습니다. 대본과 연기와 연출과 편집과 기술, 모든 분들의 노고에 경의와 찬사를 보냅니다. 영양가 높은 수작이었습니다. 한심한 먹방들은 반성 좀 하시면 어떨까요."

어리둥절하지 않을 수 없습니다. 한국 사람이라면 소위 '막장 드라마'에서 빠지지 않는 특징이 성급하고 의미 없는 화해라는 걸 모를 리가 없을 텐데요. 〈SKY 캐슬〉은 좋은 결말로 수정된 막장 드라마가 아니라 막장 드라마의 정통 코스를 따르는 드라마였습니다.

사실 막장 드라마라는 단어 자체가 좀 이상한 구석이 있습니다. 보통 선정적이고 자극적인 소재를 다루는 드라마를 이렇게 부르는데요. 이 기준을 적용하면 문학사에 이름을 남긴 불멸의 걸작들 모두가 이 카테고리 안에 들어가게 됩니다. 「오이디푸스 왕」, 「햄릿」, 「안나 카레니나」… 예는 끝도 없죠. 태도가 중요하지 않냐고요? 「햄릿」은 대놓고 주제의 선정성을 흔들어대는 작품입니다. 웬만한 일일 연속극 뺨을 치는 작품이죠.

한국에서 '막장 드라마'를 가장 유해하게 만드는 특징은 선정성이 아닙니다. 선정성은 어디건 자를 수 있는 양날의 칼이니까요. 결국 결말이 중요한데, 대부분 한국 막장 드라마는 '성급한 화해'라는 쉬운 결말을 택함으로써 그들이 택한 자극적인 소재의 독성을 최대한으로 올려놓습니다.

성급한 화해가 끔찍한 가장 큰 이유는 작가가 자신이 동원한 소재를 존중하고 있지 않기 때문입니다. 시청자들이 드라마를 보면서 분노하고 불안해한다면 그건 그런 소재의 이야기가 그들이 속해 있는 세계의 영구적인 위태로움을 보여주기 때문입니다. 올바른 정신의 작가라면, 그 세계의 균열을 최대한 드러내면서 이것이 단순하게 봉합될 수 없는 문제라는 것을 인식시킬 겁니다. 그러면서도 형식적인 해피엔딩으로 결말을 내는 방법은 얼마든지 있습니다.

하지만 막장 드라마 작가들은 생각이 다릅니다. 그들은 거짓말을 합니다. 모든 것들은 등장인물들이 속한 정상 가족의 수직 시스템을 망가뜨리지 않고 깔끔하게 해결할 수 있다고 주장하는 것입니다. 이를 위해 동원하는 것이 바로 성급한 화해입니다. 사람의 성격이 바뀌고 전엔 존재할 가능성도 없었던 관대함이 삽입되면서 균열은 갑자기 사라집니다. 말이 되냐고요? 당연히 안 되지요. 거짓말이니까요.

44

수다스러운 죽음

우리나라 전쟁 영화에서 특히 많이 찾아볼 수 있지요. 대충 이런 겁니다. 주인공 김 상사는 총에 빵 맞아 곧 죽게 되었습니다. 그런데 이 친구는 그냥 죽을 생각을 하지 않고 옆의 박 이병에게 "옆집 복순이에게 내가 잘 싸웠다고 전해주게. 어머니에게는 내가…"로 시작하는 끝도 없이 긴 유언을 늘어놓으며 장엄한 눈물을 흘립니다. 그럼 박 이병 옆의 이 병장이 또 총에 맞아 죽으며 "앞집 갑순이에게 내가 사랑했다고 전해주게…"로 시작되는 연설을 시작하고요… 영화가 끝날 때쯤이면 박 이병은 우편배달부가 되어 전국을 누벼야 할 판입니다.

놀려대는 건 그만두죠. '수다스러운 죽음' 클리셰는 충분히 자주 농담감이 되어 왔습니다. 코미디 소재로도 많이 쓰이고요.

그런데 여러분 중에 이런 전쟁 영화를 직접 보신 분이 얼마나 되시나요?

전 90년대 이전 한국 전쟁 영화를 극장에서 본 기억은 없습니다. 하지만 주말 오후에 하던 〈배달의 기수*〉에서 이런 죽음을 참 많이 보았어요. 그런 걸 쭈그리고 앉아 봐야 했으니 당시 텔레비전에는 참 볼 게 없었지요. 어떻게 버텼는지 몰라요.

그 기원이 어디인가 생각해봅니다. 아마 우리나라 코미디언들이 주로 영감을 얻는 것은 이만희 감독의 〈돌아오지 않는 해병 1963〉이 아닐까 생각해요. 그 영화 속에서 죽어가는 군인들은 모두 하나씩 장엄한 죽음의 장면을 가지고 있습니다. 물론 긴 연설도요.

요새 젊은 관객들은 〈돌아오지 않는 해병〉을 그렇게 진지하게 볼 수 없을 겁니다. 그 영화의 구식 전쟁 영화 설정은 갑갑한 구닥다리처럼 보이고 장엄한 죽음은 코미디언들이 너무 우려먹어서, 시작도 하기 전에 코미디처럼 보입니다.

별로 좋은 일이라고 할 수는 없죠. 〈돌아오지 않는 해병〉은 아주 잘 만든 영화이기 때문입니다. 저 역시 이 영화를 보는 데 조금 애를 먹긴 하지만 (전 어깨에 힘주고 목소리를 까는 한국 구식 남자 캐릭터들한테는 도대체 진지해질 수 없습니다!) 이 영화 속의 죽

* 1970~80년대 지상파 방송에서 방영된 국방 홍보 프로그램.

음들이 단순히 실소감은 아니라는 점은 말할 수 있습니다. 코미디언들을 잊고 본다면 그들의 죽음에는 장중한 아름다움이 있습니다.

수다스러운 죽음은 오페라의 아리아에 가깝습니다. 영화는 꼭 스토리만 이야기할 필요는 없습니다. 그 어느 순간에서 감정을 노래할 수도 있는 것이죠. 그 순간 시간은 정지하며 주인공은 시인이 됩니다.

한국 영화에만 이런 예가 있는 것은 아닙니다. 수많은 홍콩 누아르들이 이런 수다스러운 죽음을 다루고 있습니다. 많은 할리우드 영화들도 마찬가지고요. 〈라이언 일병 구하기 Saving Private Ryan, 1998〉의 톰 행크스의 죽음도 우리나라식 수다스러운 죽음에 아주 가깝습니다. 요새 우리나라 감독이 같은 상황을 다루었다면 오히려 그 죽음 장면을 훨씬 짧게 처리했을 겁니다. 한국 전쟁 영화의 긴 연설 클리셰에 말려드는 걸 원치 않았을 테니까요.

소위 '한의 문화'라는 걸로 우리의 수다스러운 죽음을 특화시킬 수도 있을 겁니다. 하지만 전 하기 싫군요. 일단 귀찮고 또 '한'이란 것으로 우리 문화 전체를 몽땅 설명하려는 시도 자체가 싫습니다. 그러나 여기에서 '한'은 꽤 잘 먹히는 도구가 될 거라는 생각이 듭니다. 다른 분들이 한 번 해보시길.

제가 할 수 있는 것은 왜 이런 장엄하고 진지한 장면이 그렇게 코믹해졌나를 설명하는 것뿐입니다. 사실과 어긋나서일까요? 아뇨. 그건 반복이 지나쳤기 때문입니다.

우리식 수다스러운 죽음이 〈돌아오지 않는 해병〉 하나에만 들어있었다면 우린 웃지 않았을 겁니다. 그러나 상상력 부족한 뒷세대의 선전 영화감독들이 지나친 영웅화를 위해 이런 수다스러운 죽음을 쓸데없이 자주 끌어들였기 때문에 질린 것뿐이죠. 곧 노골적인 영웅화와 수다스러운 죽음은 자연스럽게 엮어들게 되었고 그 결과 애꿎은 〈돌아오지 않는 해병〉까지 도매금으로 넘어가고 말았습니다. 한국식 수다스러운 죽음은 우리나라 군사 독재 문화의 창조물이기도 했겠지만, 희생자이기도 했습니다.

45

수다쟁이 악당

제임스 본드 영화에 늘 나오는 상황이지만 결코 본드 영화의 특허품만은 아닙니다. 대충 이렇게 전개되죠. 본드가 악당 졸개들한테 잡혀서 끌려옵니다. 악당 두목은 미치광이처럼 웃으면서 "나는 이렇게 하고 요렇게 하고 저렇게 해서 세상을 정복할 것이다!"라고 친절하게 자신의 계획을 설명해줍니다. 악당이 자기 연설에 취해 있는 동안 주인공은 잽싸게 수갑이나 밧줄을 풀고 비밀무기를 꺼내 지구를 구합니다.

도대체 이 악당들은 왜 이런 짓을 하는 걸까요? 모든 클리셰들이 그렇지만 이 역시 생각하기 귀찮은 작가들의 편의를 위해서입니다.

우선 주인공에게 빠져나가기 힘든 위기를 제공하면서도 기회

역시 동시에 제공해야 한다는 복잡한 상황을 만족시키기에 이처럼 손쉬운 도구가 없습니다. 위기와 시간 여유를 동시에 주는 장치니 참으로 금덩이 같다고 하지 않을 수 없죠.

하지만 여기엔 그것보다 더 중대한 목적이 있습니다. 어떻게든 각본가는 악당의 복잡한 음모를 관객들에게 알려주어야 합니다. 하지만 어떻게? 악당들의 대사로 그냥 알려주면 극적 재미가 떨어집니다. 주인공에게 밝혀내게 하는 방법도 있지만 이렇게 하면 추리극이 되고 추리물을 만들려면 작가가 머리를 써야 합니다. 그리고 만약에 주인공이 어떻게 진상을 밝혀낸다고 치더라도 그게 맞는지 안 맞는지를 설명해 줄 사람은 악당밖에 없습니다. 결국 악당의 연설이 필요한 것입니다.

그렇다면 언제 그 연설을 넣어야 할까요? 주인공에게 잡힌 뒤라면 곤란합니다. 대부분 악당들은 영화 속에서 죽기 때문에 잡히는 일 따위는 없거든요. 만약 살아서 잡힌다고 하더라도 그 상황에서 친절하게 자기 음모를 설명해줄 리가 없습니다. 결국 악당이 가장 자발적으로 설명할 만한 시점은 악당이 주인공보다 철저하게 우위에 있을 때밖에 없습니다.

이런 상황이 진부한 것은 사실이지만, 사실 매우 그럴싸합니다. 매우 있을 법한 일이란 말이죠.

생각해보세요. 이 과대망상증 환자인 악당은 일종의 예술가입니다. 그는 어떻게든 자기 예술 작품을 과시하고 싶어 하죠.

하지만 다른 예술과는 달리, 범죄자는 자신을 대중에게 공개할 수 없습니다. 예술가에겐 필수적인 비평가의 칭찬을 받을 기회가 없는 거죠.

그렇다면 이 경우, 누가 비평가일까요? 당연히 주인공입니다. (체스터튼*도 말했지요, "범죄자가 예술가라면 탐정은 비평가에 지나지 않지.") 그렇다면 악당들이 주인공으로부터 "이 사악하고 못돼먹고 추악하지만 영리하고 대단한 괴물아!"라는 말을 듣고 싶어 하는 건 당연하고 지당한 일입니다. 게다가 그는 지금 자기 앞에 잡혀서 죽기 일보 직전이 아닙니까? 그에게 말해도 음모가 노출될 염려는 없는 겁니다.

게다가 악당들은 대부분 사디스트일 테니까 이런 연설은 주인공을 괴롭혀 자신의 사디즘을 만족시키는 도구가 될 수 있습니다. 여러모로 편한 거죠. 주인공에게 탈출할 수단이 있다는 것만 뺀다면 말이죠.

'수다쟁이 악당'은 점점 그 설 자리를 잃고 있습니다. 이유는 여럿 있죠. 일단 본드 악당들이 너무 많이 써먹어서 우스꽝스러워졌습니다. 게다가 요새는 세상을 정복하려는 악당들이 많지 않아서 그렇게 주인공을 붙들어 놓고 자기광고를 할 필요도 줄어들었습니다. 영화의 패턴도 바뀌었지요. 요새 영화는 본드 시

* 언론, 비평, 소설 등 다양한 영역에서 활동했던 영국 작가.

대와는 달리 매우 직설적이어서 본드식 거대 악당의 장황한 연설은 작위적이고 어설퍼 보입니다.

패러디로는 아직 종종 사용됩니다. 〈트루 라이즈 True Lies, 1994〉의 악당 아지즈가 "우리도 이제 핵을 가졌다!" 어쩌구의 장황한 연설을 하는 동안 녹화 중인 캠코더의 배터리가 닳아버리는 따위의 장면이 대표적이죠. 가장 유쾌하고 잔인한 변형은 앨런 무어의 코믹북 시리즈 「왓치맨 Watchmen, 1986-1987」에 나오는데, 오지만디어스는 자신의 계획을 주인공들 앞에서 상세하게 설명한 뒤 이렇게 덧붙입니다. "댄, 난 리퍼블릭 영화*들에 나왔던 빌런 캐릭터가 아니에요. 정말로 나의 절묘한 조처의 결과를 당신들이 망쳐놓을 확률이 눈곱만큼이라도 있었다면 당신들에게 설명했을 거라고 생각합니까? 이미 35분 전에 실행했습니다."

'수다쟁이 악당'은 비슷한 부류인 '위기일발!'(176쪽) 클리셰와는 달리 활용 범위가 그렇게 넓지는 않습니다. 하지만 이 클리셰가 구닥다리로 완전히 물러날 것 같지는 않습니다. 훌륭하고 개성적인 악당 배우라면 이런 어색한 상황도 아주 자연스럽게 해내 영화에 힘을 더해줄 수 있기 때문이죠. 물론 그 성과가 그렇게 훌륭하다면 그것은 더 이상 클리셰가 아닙니다.

* 장르물을 주로 제작했던 영화사 리퍼블릭 픽쳐스의 작품을 일컫는다.

”

두 글자:

제목을 선호하는 한국 영화계

인랑 버닝 괴물 독전 명당 창궐 마녀 공작
염력 군산 변산 궁합 영주 협상 공조 쉬리
해빙 악녀 재심 하루 용순 친구 리얼 박열
옥자 재꽃 침묵 그후 곡성 순정 터널 사냥
트릭 그물 밀정 럭키 자백 분장 초인 동주
춘몽 대호 손님 암살 함정 사도 간신 스물
탐정 디워 특종 협녀 명량 해적 군도 타짜
역린 경주 표적 해무 가시 설계 맨홀 관상
공범 타워 소원 화이 감기 벌새 닥터 만신
광해 가시 간첩 화차 후궁 만추 써니 하녀

46

스톰트루퍼

아마도 〈스타워즈〉에서 가장 말도 안 되는 대사는 오비완 케노비의 다음 대사일 겁니다. "제국의 스톰트루퍼만이 이렇게 정확하게 사격*하지." 현대 관객들에게 이 대사는 아이로니컬한 농담처럼 들립니다. 아마 알렉 기네스도 그걸 농담이라고 생각했는지도 모르죠. 하긴 〈스타워즈〉에서 알렉 기네스가 한 연기는 모두 조금씩 차가운 농담처럼 보입니다.

왜 우린 이 건조한 기술을 말 그대로 받아들일 수 없는 걸까요? 그건 우리가 오리지널 〈스타워즈〉 3부작을 접하면서 그 잘난 스톰트루퍼들의 활약을 봐왔기 때문입니다. 그들은 주인공

* 어느 해외 팬의 통계에 따르면, 해당 영화 속 스톰트루퍼들의 명중률은 2%에 가깝다.

을 절대로 맞추지 못합니다. 최신 병기를 가지고 있으면서도 이워크의 돌멩이 공격에 당합니다. 근처에 광선검 결투가 벌어지면 임무도 무시하고 우르르 싸움 구경을 갑니다. 이들에 의지한 제국이 그렇게 쉽게 망한 것도 이해가 됩니다.

그러나 우린 스톰트루퍼들을 비난할 수는 없습니다. 그들은 자기 임무를 충실하게 수행한 것뿐이니까요. 그들의 임무는 제국을 수호하고 반란군을 토벌하는 게 아니라 일당백의 싸움을 하는 주인공들을 돋보이게 하는 것입니다. 심지어 그들은 얼굴도 없습니다. 스톰트루퍼 수백 명이 주인공 총에 맞아 죽어나가도 주인공들이나 관객들은 죄책감 따위를 느끼지 않죠. 그들은 단지 숫자들입니다.

스톰트루퍼들은 독창적인 존재들이 아닙니다. 명칭과 복장만 바뀌었을 뿐, 그들은 영화의 탄생 초기부터 존재했습니다. 〈전투! Combat!, 1962-1967〉에서 매주 죽어나가는 독일군들도 스톰트루퍼들이었습니다. 〈첩혈쌍웅 喋血雙雄, 1989〉에서 주윤발과 이수현의 총에 맞아 죽어가는 삼류 악당들도 스톰트루퍼들이었습니다. 〈못말리는 람보 Hot Shots! Part Deux, 1993〉에서 찰리 쉰이 순전히 기록을 깨기 위해 논스톱으로 죽여댄 테러리스트들도 스톰트루퍼들이었습니다.

그렇다면 프리퀄 시리즈에 나오는 스톰트루퍼들의 전신인 클론 트루퍼들은 왜 그렇게 유능한 걸까요? 물론 여러분은 〈스타워즈〉 우주에 맞는 논리적인 이유를 댈 수 있을 겁니다. 하지만 진짜 이유는 다른 데에 있습니다. 클론 트루퍼들은 주인공들을 돋보이기 위해 창조된 게 아닙니다. 그들은 다가오는 은하 제국의 막강한 힘을 과시하기 위해 창조된 존재들입니다. 극적 당위성을 깨트리면서까지 스톰트루퍼들처럼 바보스럽게 굴 필요가 없는 겁니다.

47

시간 절약 방송

우린 어떻게 바깥세상의 정보를 얻을까요? 옛날 같았으면 직접 나가서 동네 사람들에게 물어보아야 했을 겁니다. 세상이 조금 발달하자 신문이 나왔고요. 그 다음엔 텔레비전과 라디오라는 게 나왔고 요새는 인터넷이 그 뒤를 이었지요.

당연히 이들은 줄거리를 끌어가는 도구가 됩니다. 자, 〈버피 Buffy the Vampire Slayer, 1997-2003〉의 유명한 'Hush' 에피소드에서 버피와 윌로우는 그들이 사는 마을인 서니데일의 모든 사람들이 벙어리가 되었다는 사실을 알게 됩니다. 그렇다면 우린 다음과 같은 것들에 대한 정보가 필요합니다. 과연 이건 전국적인 사태일까요? 아니면 서니데일에만 국한된 사태일까요? 다른 사람들은 이유를 알고 있을까요? 사람들은 어떻게 대처하고 있을까요? 다행히도 잰더는 그 정보를 알고 있습니다. 텔레비전에서 봤기 때문이지요. 그는 지금까지 소리를 줄여놓고 있던 텔레비전의 볼륨을 높입니다. 놀랍게도 바로 그 순간 친절한 뉴스 진행자는 서니데일의 벙어리 전염병에 대해 처음부터 끝까지 자상하게 소개해줍니다.

라디오의 음악 방송도 비슷한 방식으로 활용되는 경우가 많습니다. 이 경우, 주인공이 라디오를 틀면 꼭 시작 부분이거나 막 디제이가 음악을 소개할 때죠. 그것도 분위기와 꼭 어울리거나 주인공이 좋아하는 음악이 흐르고요.

그 자체로는 이상할 게 없습니다. 하지만 이런 일들이 끝도 없이 반복된다면 좀 수상쩍죠. 텔레비전과 라디오의 시청자와 청취자들은 비교적 수동적인 사람들입니다. 우린 어쩔 수 없이 방송국에서 보내오는 정보들을 그냥 받아들일 수밖에 없죠. 뉴스를 들으려면 시간이 될 때까지 기다려야 합니다.

영화 속 사람들은 이런 식으로 기다리는 경우가 거의 없습니다. 그런 식의 리얼리즘을 따지다가는 쓸데없이 시간을 날리게 되니까요. 그러다 보니 시청자들이나 관객들은 방송국이 주인공들에게 이상할 정도로 관대하다는 인상을 받게 되지요.

아마 인터넷과 인터액티브 방송이 보편화되면 이와 같은 작위적인 설정은 조금씩 줄어들 겁니다. 하지만 라디오 음악은 조금 더 버티겠지요. 음악은 우연의 중요성이 더 강하니까요.

"길게 말씀드릴 시간이 없으니까,
상황 설명은 뉴스로 대신 합니다!
자, 뉴스가… 안 나오네요…"

- 노란 옷의 정부 요원 〈괴물2006〉

48

시작된다

'…시작된다'로 끝나는 문장은 한국 영화 포스터나 홍보물의 클리셰입니다. 그래서 한 번 모아봤습니다. 다양한 변용들도 포함합니다.

근데 왜 이런 문장들이 그렇게 많으냐고요? 뭐, 결말을 알려줄 수는 없는 거니까요. 일단 시작을 해야 영화를 진행할 수 있겠죠?

대표적인 '시작된다'

- 변화가 시작된다 판타스틱4
- 전설이 다시 시작된다 다크 나이트
- 활의 전쟁이 시작된다 최종병기 활

- 가족의 사투가 시작된다 괴물
- 그들의 전쟁이 시작된다 트랜스포머
- 새로운 전설이 시작된다 스타워즈 : 깨어난 포스
- 거대한 전설이 시작된다! 강철의 연금술사 : 미로스의 성스러운 별
- 새로운 이야기가 시작된다 범블비
- 의리없는 전쟁이 시작된다 달콤한 인생
- 생존을 건 협상이 시작된다! 캡틴 필립스
- 가장 뜨거운 도전이 시작된다 파이터
- 폭풍 연주의 서막이 시작된다! 노다메 칸타빌레
- 역대 가장 불가능한 미션이 시작된다 미션 임파서블 : 로그네이션
- 불가능한 미션이 다시 시작된다! 미션 임파서블 : 고스트 프로토콜
- 한국 SF 영화의 신화가 시작된다 용가리
- 운명을 건 최후의 전쟁이 시작된다! 반지의 제왕 : 두개의 탑
- 충격 실화, 스파이 전쟁이 시작된다 팅커 테일러 솔저 스파이
- 역사를 바꾼 위대한 전쟁이 시작된다 명량
- 허접 사기꾼들의 치밀한 수작이 시작된다 아메리칸 허슬
- 전세계의 희망… 마지막 투혼이 시작된다! 록키 발보아
- 지구의 미래를 건 최후의 반격이 시작된다! 오블리비언
- 누구도 상상못한 위대한 가출(?)이 시작된다 라푼젤
- 할리우드를 뒤흔든 美친 로맨스가 시작된다 크레이지 리치 아시안
- 전쟁 한가운데… 믿지 못할 연합작전이 시작된다 웰컴 투 동막골

• 전직 특수요원의 프로페셔널한 추격이 시작된다! 테이큰

• 쓰나미도 휩쓸지 못한 그들의 이야기가 시작된다 해운대

• 12월 14일, 마법이 시작된다! 해리포터와 마법사의 돌

• '해리포터' J.K.롤링의 새로운 마법이 시작된다 신비한 동물사전

'시작된다'의 변용들

• 그들이 움직이기 시작했다 암살

• 그녀가 움직이기 시작했다 친절한 금자씨

• 분열은 시작되었다 캡틴 아메리카 : 시빌 워

• 26년의 기다림, 복수는 시작되었다! 26년

• 아버지와 아들 비극이 시작되다 사도

• 사상 최대의 마지막 전쟁이 시작됐다!! 반지의 제왕 : 왕의 귀환

• 마침내 역사상 가장 치열한 최강의 전쟁이 시작된다! 호빗 : 스마우그의 폐허

부제로 사용된 '시작된다'

• 위자 : 저주의 시작

• 달링 : 저주의 시작

• 다크송 : 저주의 시작

• 인면어 : 저주의 시작

• 분신사바 : 저주의 시작

• 더 빌리지 : 저주의 시작

• 레스토네이션 : 저주의 시작
• 살인소설2 : 다시 시작된 저주
• 주온 : 끝의 시작
• 변절 : 반란의 시작
• 헌원대제 : 대륙의 시작
• 배트맨 대 슈퍼맨 : 저스티스의 시작
• 터미네이터 : 미래전쟁의 시작
• 사자왕 : 거대 전쟁의 시작
• 적벽대전 : 거대한 전쟁의 시작
• 레이드2 : 반격의 시작
• 혹성탈출 : 진화의 시작
• 서유기 : 모험의 시작
• 겡 : 모험의 시작
• 인어공주 : 새로운 모험의 시작
• 트론 : 새로운 시작
• 데스노트 L : 새로운 시작
• 신의 숲 : 운명의 시작
• 영웅 : 천하의 시작
• 하나오니2 : 사랑의 시작
• 닌자헌터 : 사냥의 시작
• 터미너스 : 인류멸망의 시작

- 워리어스 레인보우 : 항전의 시작
- 피터팬 : 전설의 시작
- 드라큘라 : 전설의 시작
- 용쟁호투 : 전설의 시작
- 러닝맨 스페셜 : 게임의 시작
- 레프트 비하인드 : 휴거의 시작

연도별, 영화 카피의 '시작된다'

- 1933년 조국은 사라지고 작전이 시작된다 암살
- 1961년… 3차대전 위기… CIA 최대의 음모가 시작된다! 굿 셰퍼드
- 1972년 뮌헨 올림픽 테러사건. 역사의 한 줄로부터 이야기는 시작된다 뮌헨
- 2005년 3월, 김선아의 수상한 등교가 시작된다! 잠복근무
- 2015년 서울 한복판 선택된 자들이 움직이기 시작했다 검은 사제들
- 2035년, 미래가 움직이기 시작한다! 아이, 로봇

열두 달, 영화 카피의 '시작된다'

- 1월, 가슴 뜨거운 기적이 시작된다! 더 임파서블
- 2월, 그들의 침략이 시작된다! 기생수 파트1
- 3월, 응징이 시작된다! 라스트 에너미
- 4월 초, 온 동네가 바라는 첫사랑이 시작된다! 장수상회

- 5월, 좀비들과의 화끈한 한 판이 시작된다! 한밤의 황당한 저주
- 6월, 가장 슬프고 위대한 전쟁이 시작된다! 포화 속으로
- 7월, 생존을 건 전쟁이 시작된다! 혹성탈출 : 반격의 서막
- 8월, 그들의 위대한 투쟁이 시작된다! 바르샤바 1944
- 9월, 목숨을 건 게임이 시작된다! 진실금지구역
- 10월, 피도 눈물도 없는 무자비한 전쟁이 시작된다! 로우리스 : 나쁜 영웅들
- 11월, 기적의 리그가 시작된다 머니볼
- 12월, 종족의 운명을 건 마지막 전쟁이 시작된다! 트와일라잇 : 브레이킹 던

49

신분을 숨긴 사랑

제목 그대로입니다. 남자 주인공이나 여자 주인공이 다른 사람인 척하며 돌아다니는데, 그 와중에 다른 여자나 남자를 만나 사랑에 빠집니다. 자, 주인공은 갈등하게 되죠. 왜냐하면 상대방이 자기 자신의 실제 모습이 아니라 변장한 가짜 모습에 빠져 있는 것 같기 때문입니다. 그냥 가짜로 밀고 나갈까요? 아니면 고백해야 할까요?

참 오래된 트릭입니다. 영화라는 장르가 만들어지기 수백, 수천 년 전부터 있었던 이야기지요. 귀족 청년이 평민 소녀와 사랑에 빠지는 발레 〈지젤〉이 가장 유명한 예겠군요. 가장 유명한 연극은 마리보의 코미디 〈사랑과 운명의 장난 Le Jeu de l'amour et du hasard, 1730〉이겠고요. 영화에서는 〈25살의 키스 Never Been

Kissed, 1999〉, 〈소울 맨 Soul Man, 1986〉과 같은 작품들이 있습니다.

여기에는 약간의 변주가 있습니다. 주인공이 사랑을 쟁취하기 위해 의도적으로 변장할 수 있죠. 〈세빌리아의 이발사〉나 〈진지함의 중요성〉에서처럼요. 셰익스피어 희곡에서처럼 이성으로 변장한 주인공이 상대방과 사랑에 빠지는 경우도 있습니다. 「12야 Twelfth Night, 1601-1602」가 가장 대표적인 경우지요. 영화에서는 〈투씨 Tootsie, 1982〉와 〈옌틀 Yentl, 1983〉, 〈소년은 울지 않는다 Boys Don't Cry, 1999〉가 있었고요.

그러나 이들은 대부분 비슷한 모양을 하고 있습니다. 폭로 부분을 클라이맥스에 놓고 사랑의 도취와 진실 사이에서 주인공을 오가게 하는 겁니다. 폭로가 어떻게 되느냐에 따라 영화의 결말이 정해집니다. 관객들은 해피엔딩을 원하니까 결국 상대방도 주인공의 진실한 내면을 이해하고 사랑하게 된다는 쪽으로 흘러가는 게 많습니다. 하지만 〈지젤〉이나 〈소년은 울지 않는다〉에서처럼 넘을 수 없는 장벽이나 편견 때문에 비극으로 끝날 수도 있죠. 아니면 〈투씨〉처럼 어정쩡한 상태에서 끝날 수도 있고요.

왜 이런 이야기가 이렇게 사랑받고 자주 반복될까요? 바탕이 좋기 때문입니다. 로맨스만으로는 재미없을지도 모르지만 약간의 변장과 거짓말을 가미하면 서스펜스가 발생하죠. 게다가 이런 이야기는 그렇게 비현실적인 이야기는 아닙니다. 연애하는 동안 거짓말 한 번 늘어놓지 않는 사람 봤어요? 이런 변장담은 사실 일상적인 연애담에 콘트라스트를 살짝 주어서 과장한 것에 불과합니다.

50

아이들만 보고 있다

〈닥터 후 Doctor Who, 1963-〉 2006년 크리스마스 특집에 캐서린 테이트가 연기한 도나 노블은 산타로 변장한 외계 로봇이 운전하는 택시에 납치당합니다. 덜컹거리는 타디스를 조종해 택시의 뒤를 쫓는 닥터. 도나는 목숨을 구하기 위해 타디스로 점프해야 합니다.

그런데 말이죠. 이 말도 안 되는 사건을 처음부터 끝까지 목격한 사람들이 있었답니다. 부모가 운전하는 자동차 뒷자리에 앉은 두 아이들이죠. 얘들은 그냥 구경만 하지 않고 고함을 질러대며 응원을 하다가 마침내 닥터가 도나를 구출하자 환호성을 지릅니다. 대낮에 파란 경찰 전화박스가 날아다니는데, 이걸 목격한 사람들은 바로 이 두 꼬마뿐이었다는 거죠.

이런 일은 영화 세계에서 자주 일어납니다. 가장 많이 일어날 때는 다음 세 조건이 충족되었을 때죠. 사건이 일어나는 장소가 고속도로이고, 그 사건이 초현실적이거나 어처구니없으며, 아이들의 부모가 전화하거나 운전하거나 말다툼하느라 바쁠 때. 여기엔 몇 가지 변주도 있습니다. 예를 들어 꼭 고속도로를 달리는 차가 아니어도 괜찮습니다. 비행기를 타고 가다가 창문을 통해 무언가를 볼 수도 있는 것이니까요.

이런 설정이 자주 사용되는 이유는 무엇일까요? 그거야 관객들이 있으면 더 흥이 나니까요. 구경꾼을 넣으면 액션에 관객들을 끌어들이기가 쉬워요. 어처구니없는 사건이어도 보고 놀라는 누군가가 있어야 좋고요. 그런데 왜 아이들일까요? 그거야 1번 경우 보통 어른들은 운전을 하고 있으니 주변을 여유 있게 둘러보다 무언가 괴상한 걸 발견할 사람은 보통 뒷좌석에서 따분해하는 아이들일 가능성이 크니까요. 게다가 어처구니없는 사건들은 결코 대중에게 누설되어서는 안 되는데, 아이들이 유일한 목격자라면 대충 커버가 되거든요. 어른들은 결코 그 아이들을 믿지 않을 테니.

한 가지 그럴싸한 이유를 더 생각해냈는데, 그건 이것이 일종의 복수라는 것입니다. 원래 영화나 텔레비전 드라마를 만드는 사람들은 이야기를 지어내는 것이 직업인 사람들이고, 그런 사람들은 원래 어렸을 때부터 남들이 믿지 못하는 이야기들을 잔뜩 하기 마련입니다. 당연히 어른들은 그들의 말을 믿지 않을 것이고 그들은 그것이 너무나도 억울했겠죠. 그게 거짓말이라는 걸 자기 자신들도 알면서요. 그러니까 괴상한 사건을 목격하는 아이들의 클리셰는 이런 선언인 셈입니다. "그것봐, 내가 그때 한 말은 진짜라니까!"

51

악몽에서 깨어나기

전 악몽을 자주 꾸는 편입니다. 바로 어제도 하나 꾸었답니다. 세상 사람들 모두가 뱀파이어가 되고 전 제 방 창문으로 들어오려는 뱀파이어 군단과 한참 싸우고 있었지요. (교훈 하나: 리처드 매드슨의 소설은 자기 전에 읽을 만한 작품이 아닙니다. 특히 저녁으로 피자를 먹었을 때는 더욱 그렇지요.)

꿈의 결말은 어떻게 되었냐고요? 흠, 대충 이랬답니다. 한참 창문을 책장으로 막고 있었는데, 슬슬 이게 꿈이라는 생각이 들더란 말입니다. 꿈이라는 걸 알게 되자 뱀파이어들을 겁내야 할 필요가 없더군요. 시간 배경을 낮으로 바꾸자 뱀파이어들은 그냥 달아나 버렸습니다. 꿈속에서 더 이상 할 게 없을 것 같아서 자는 걸 그만두었고요.

전 늘 이런 식입니다. 꿈이 현실 세계에 부딪혀 박살 나는 일은 없어요. 하지만 영화에서 악몽을 꾸는 사람들이 깨어나는 방식은 오로지 하나입니다. 비명을 지르면서 후닥닥 윗몸을 일으켜 세우는 거죠. 대표적인 예가 팀 버튼의 〈슬리피 할로우 Sleepy Hollow, 1999〉입니다. 헤르조크의 〈노스페라투 Nosferatu: Phantom der Nacht, 1979〉도 예외는 아니고요. 조니 뎁과 이자벨 아자니는 모두 같은 방식으로 비명을 지르며 윗몸을 일으킵니다.

실생활에서도 이런 게 보편적일까요? 적어도 저한테는 아닙니다. 심지어 자다가 갑자기 윗몸을 일으키는 동작 자체도 부자연스러워 보입니다. 여러분도 한 번 해보세요. 아주 쉬운 일은 아닙니다. 특히 그때까지 깊이 잠들어 있었던 사람이 할 동작은 아니지요.

왜 이들은 늘 이렇게 극적으로 깨어나는 걸까요? 답은 질문 속에 있습니다. 극적이니까요. 저처럼 꿈 중간에 악몽이라는 걸 알아차리고 자각몽의 힘을 발휘해서 흡혈귀들을 쫓아낸다면, 거기서부터 이야기는 코미디가 될 겁니다. 진지성을 유지하려면 꿈을 강화시키고 꿈꾸는 사람의 영향력을 축소시키는 수밖에요. 그런 면으로 생각해보면, 비명 지르고 깨어나기는 최선의 선택입니다. 하지만 가끔 다른 식으로 깨어나는 사람들을 그려도 재미있을 겁니다. 자각몽을 꾸는 사람에 대한 코미디를 본 적이 별로 없는 것 같아서 하는 말입니다만.

52

안경을 벗어봐

틴 코미디 〈쉬즈 올 댓 She's All That, 1999〉은 고등학생 프레디 프린즈 주니어가 내기에서 이기기 위해 미술반의 '너드'인 레이첼 리 쿡을 프롬 퀸으로 만들다가 사랑에 빠진다는 내용이죠. 어떻게 너드를 프롬 퀸으로 만드냐고요? 흠, 레이첼 리 쿡의 캐릭터는 안경을 끼고 있습니다. 그리고 프린즈 주니어의 캐릭터가 쿡의 캐릭터에게 말하죠. "안경을 벗어봐."

와우!!!

이 장면은 '안경 벗기기 클리셰'의 모든 것을 설명해준다고 할 수 있습니다. "안경을 벗어봐"라고 말하는 사람이 장래의 애인일 수도, 친구일 수도, 아니면 여자 주인공을 스타로 만들어줄 스타 메이커일 수도 있지만, 설정은 어디서나 같습니다. 안경을 쓰고 있어서 못생긴 줄 알았던 여자가 안경을 벗고 나니 절세가인이더라.

말도 안 된다고 생각하시겠죠. 레이첼 리 쿡은 사실 안경을 쓰고 있을 때도 예쁘게 보입니다. 원래 예쁜 사람이니 안경 따위가 장애가 되거나 하지는 않아요. 안경은 그렇게 엄청난 변장 도구가 아닙니다.

하지만 영화 속에서는 사정이 다릅니다. 가까운 예로 텔레비전 시리즈 〈원더우먼 Wonder Woman, 1975–1979〉을 보세요. 헤어스타일을 바꾸고 안경을 썼다는 이유만으로 멍청한 트레버 대령은 다이아나 프린스가 원더우먼이란 걸 끝까지 눈치채지 못하고 있지 않습니까? (얼마 전에 개봉한 영화판에서는 이를 대놓고 놀려대는 장면이 나옵니다. 영화판에서는 신분 위장의 설정은 없죠.)

많은 클리셰들이 그런 것처럼 여기에도 안이함이 숨어 있습니다. 일단 관객들이 '안경은 엄청난 변장 도구여서 사람의 얼굴을 엄청나게 바꾼다'라는 것을 받아들이면 모든 게 쉬워집니다. 분장비도 절약되고 주연 배우의 얼굴을 망치지 않아도 되며 이야기를 설명하느라 시간을 질질 끌지 않아도 됩니다.

그러나 여기엔 나름대로의 진실이 숨어 있습니다. 하긴 사람은 꾸미기 나름이니까 구질구질한 패션 속에 굉장한 미인이 숨어 있을 수도 있는 법이죠. '안경 벗기기 클리셰'는 그런 미인이 드러나는 과정을 극적인 방법으로 표현하는 상징적 수단이었습니다.

생각해보면 '안경을 벗어봐'라는 마술 주문은 여러모로 효과적입니다. 안경은 우선 눈가리개입니다. 그리고 눈은 마음의 창이라고 하지 않아요? 게다가 '벗어봐…'라는 말에 숨겨진 에로틱한 의미도 무시할 수 없어요. 코끝에 걸친 테를 떼어냈을 뿐이지만 여자 주인공은 거의 벌거벗고 있는 것이나 다름없습니다.

이 클리셰는 꽤 여러 가지 의미로 해석될 수 있습니다. 이 장면의 에로틱한 면을 더 팔 수도 있고 또 성적 파워 게임의 측면에서 볼 수도 있지요. 여성 판타지로도 남성 판타지로도 각각 다른 의미가 있고요. 하지만 저희는 될 수 있는 한 자의적인 해석은 자제하려고 합니다. 그런 건 혼란만 가중될 뿐이니까요.

이 트릭은 요새 거의 코미디로 옮겨갔습니다. 진지한 이야기에 쓰기엔 너무 닳아버렸습니다. 아직 신선하다면 저희 리스트에 올라 있을 리가 없죠.

하지만 코미디에서는 여전히 유효합니다. 〈쉬즈 올 댓〉이 그 대표적인 예입니다. 이 영화의 각본은 이중적입니다. '안경 벗기기' 클리셰의 진부함을 반쯤 비웃으면서도 레이첼 리 쿡이 백조로 변신할 때는 또 순수하게 즐기는 거죠.

하긴 이런 게 클리셰의 매력이자 함정입니다. 진부해지는 모든 것에는 원래 강한 매력이 있는 법입니다. 우린 지루한 것을 남용하지는 않습니다.

53

액션 요법

기본 틀은 다음과 같습니다. 과거의 사고로 정신적 상흔을 입고 있는 인물이 있습니다. 그는 이 정신적 문제로 고민하다가 악당과 싸우는 과정에서 그 상흔을 극복하게 됩니다.

구체적으로 어떤 예를 들면 좋을까요? 히치콕의 〈현기증 Vertigo, 1958〉도 넓게 보면 액션 요법의 트릭을 쓴 작품으로 볼 수 있습니다. 하지만 이 리스트에서 예로 들기엔 작품이 너무 좋군요. 흠… 〈다이 하드 Die Hard, 1988〉를 들어보죠. 이쪽이 더 모범적이고 진부합니다. 맥클레인의 유일한 동지였던 흑인 경관 알 파웰 경사를 기억하세요? 젊은 시절에 실수로 아이를 쏜 뒤로 총을 쏘지 못하는 남자였지요. 그는 영화가 끝날 무렵 다시 용기백배해져서 맥클레인을 공격하는 악당을 총으로 쏴 죽입니다. 빵빵!

기본적으로는 좋은 트릭입니다. 주인공을 보다 인간적으로 만들고 핸디캡 때문에 액션도 훨씬 긴박해지니까요. 그러나 너무 손쉬운 게 문제였어요. 다른 손쉬운 트릭처럼 이 트릭도 낭비되기 시작했습니다.

이 트릭의 기묘한 도덕적 문제점이 드러나면서 '액션 요법'은 코미디의 영역으로 들어왔습니다. 보통 사람의 시점으로 볼 때 '총을 잡고 사람을 쏴 죽이지 못하는' 건 그렇게 큰 장애가 아니죠. 아무리 악당을 죽인다고 해도 말입니다. 오히려 반대가 비정상입니다.

〈못말리는 람보 Hot Shots! Part Deux, 1993〉에서 대표적인 코미디의 예를 찾을 수 있습니다. 이 영화에서 찰리 쉰의 동료로 나오는 미겔 페레는 전쟁과 살상이 지겨워지는 끔찍한 심리적 장애를 겪습니다. 그러나 찰리 쉰과 몇 마디를 나누자 다시 정상으로 돌아와서 유쾌하게 사담의 부하들을 쏴 죽이지요!

54

야마무라 사다코

동양의 호러 영화 장르에서 흰옷을 입은 긴 머리의 여자 귀신은 클리셰를 넘어선 전통입니다. 너무나도 문화 속에 깊이 박혀있어서 잘라내는 게 생각만큼 쉽지 않죠. 아직도 우린 '귀신'하면 하얀 소복을 입은 긴 머리 여자를 떠올리잖아요. 몇 년 전까지만 해도 긴 머리 여자 귀신을 등장시키는 건 표절 같은 게 아니었습니다. 단지 예술적으로 안이하거나 전통주의자라는 증거일 뿐이었죠.

이렇게 당연하고 뻔한 이미지가 갑자기 상표를 달게 된 건 나가타 히데오의 〈링 リング, 1998〉부터였습니다. 야마무라 사다코가 긴 머리로 얼굴을 가리고 텔레비전에서 기어 나온 것이죠. 너무나도 무신경해서 오히려 대담하게 느껴지는 이 터치는 그 영화

속에서 먹혔고 그 장면은 곧 전 세계 호러 영화 팬들에게 잊을 수 없는 이미지로 기억되었습니다. 물론 그 이미지를 받아들이는 방식은 문화권마다 조금 달랐겠지만요.

사다코의 등장은 지금까지 유행에 뒤떨어져 장르의 창고 속에 박혀 있었던 긴 머리 여자 귀신들의 르네상스를 열었습니다. 홍콩의 〈디 아이 見鬼, 2002〉에서부터 한국의 〈장화, 홍련 2002〉에 이르기까지, 이들이 출연하지 않는 호러 영화들을 찾기 힘들 정도입니다. 심지어 이들은 70년대 긴 머리 유행을 핑계 삼아 리메이크 버전 〈링 The Ring, 2002〉을 통해 할리우드로 진출하기까지 했지요.

다른 나라의 사다코들에 대해서는 별로 할 말이 없습니다. (예를 들어 전 할리우드 사다코, 아니, 사마라의 고딕적 이미지가 나름대로 근사하다고 생각합니다.) 하지만 지금 우리나라 호러 영화의 사다코들에 대해서는 몇 마디 해야겠습니다. 도가 지나치다는 느낌이 들기 때문이죠.

〈장화, 홍련〉이나 〈폰 2002〉 정도만 되어도 전 이해를 합니다. 여전히 머리 긴 여자 귀신이지만 사다코에서 벗어나려는 분명한 시도가 보이기 때문이지요. 등장하는 방식도 그렇고, 비주얼도 그렇고요. 관객들이 사다코를 머리에 박고 그 영화들을 본다고 해서 감상에 큰 장애가 되지는 않습니다.

그러나 〈여고괴담 세 번째 이야기: 여우계단 2003〉에 나오는 여자 귀신부터는 좀 심각합니다. 창문을 통해 기어 나오는 이 긴 머리 귀신에서 사다코를 떠올리지 않는 건 정말로 힘들거든요. 데자뷔가 너무 강해서 공포 효과 자체가 사라져버립니다.

〈여고괴담 세 번째 이야기: 여우계단〉은 그 뒤에 나오는 호러 영화들에 비하면 양반입니다. 2000년대 초반, 여름 호러 영화 시즌의 〈령 2004〉과 〈페이스 2003〉는 표절이 너무 노골적이라 오히려 어이가 없을 정도입니다. 이 영화에 나오는 긴 머리 귀신들은 사다코를 벤치마킹한 정도가 아니라 그냥 사다코입니다. 로열티라도 줘야 할 것 같아요. 물론 공포 효과 따위도 없습니다. 관객들은 놀라기보다 그 뻔뻔스러운 표절에 어이없어할 테니까요.

말이 났으니 하는 말인데, 일반적인 긴 머리 귀신과 사다코는 같지 않습니다. 긴 머리로 얼굴 전체를 가린 유령이 한쪽 눈알을 부라리는 장면을 넣으면서 일반적인 긴 머리 여자 귀신을 넣었다고 주장한다면 그건 한마디로 염치가 없는 거예요. 한심하게도 〈령〉과 〈페이스〉의 긴 머리 귀신들은 모두 약속이라도 한 것처럼 사다코의 눈알 부라리기를 흉내 내고 있습니다. 잘 하지도 못해요. 그냥 어설프게 흉내만 내는 거죠.

예고편과 스틸을 보니, 안병기 감독의 〈분신사바 2004〉에도 사다코는 등장하나 봅니다. 안병기는 그래도 장르에 대해 어느 정도 아는 사람이라 안심을 하고 싶지만… 그래도 이 영화가 사다코의 저주에서 벗어날 것 같지는 않아요. 나중에 나온다는 〈인형사 2004〉는 소재부터 노골적인 일본색을 내세우는 영화이니 포기했고요.

호러 영화에서 긴 머리 여자 귀신을 추방하라는 소리는 하지 않겠습니다. 〈전설의 고향〉을 보면서 호러 장르의 감을 익힌 전 여전히 이들을 사랑해요. 하지만 이들에게 맨날 사다코 헤어스타일과 소복을 강요하는 최근의 이상한 유행에 대해서는 한마디 해야겠습니다. 도대체 뭣들 하는 짓입니까? 한참 멋을 내고 싶고 예쁘게 보이고 싶은 나이에 죽은 귀신들에게 이건 패션 억압입니다. 제발 부탁이니, 이들에게 다양한 헤어스타일과 옷차림을 허가해주지 않겠습니까?

후일담 2004년에 쓴 글입니다. 지금 이 클리셰는 거의 완벽하게 죽었습니다. 요새 나오는 한국 호러 영화 중 사다코 짝퉁이 나오는 작품은 그냥 없어요. 21세기 초에 비정상적으로 많이 썼다가 그냥 죽어버린 것입니다. 어차피 없어질 거, 괜한 고민이 아니었냐고요? 그렇지 않아요. 당시 나왔던 수많은 사다코 짝퉁 영화는 비교적 순조롭게 시작했던 한국 영화의 에너지를 삼켜 장르를 정체기에 빠트렸습니다. 상상력과 다양성을 막는 게으른 관습은 장르의 적입니다.

55

여고괴담

〈여고괴담〉 시리즈에 대해 사람들이 착각하고 있는 것이 하나 있는데, 그건 이 시리즈가 한국 교육 시스템의 잔혹함을 고발하는 사회 비판 호러라는 것입니다. 첫 영화의 의도는 그렇긴 했어요. 하지만 이후 작품들이 이어지면서 그 의도는 조금씩 증발해버렸습니다. 이 시리즈는 호러보다는 초자연 현상을 다룬 탐미적인 멜로드라마에 가까웠고 시리즈가 이어지는 동안 현실 세계와 격리된 자기만의 유니버스를 만들어냈습니다. 이 시리즈에 나오는 한국 여자고등학교와 학생들은 우리 세계의 학교와 학생들과 비슷하지만 조금 다릅니다. 더 로맨틱하고 더 정련되어있고 더 쉽게 같은 학교 친구와 사랑에 빠집니다. 한마디로 장르 세계인 것입니다.

이건 전혀 문제가 되지 않습니다. 잘 구축된 장르가 있다는 것은 좋은 일이죠. 하지만 깊이 생각하기 싫은 남자 영화쟁이들이 틴에이저 여자아이라는 낯선 존재를 창조하기 위해 〈여고괴담〉 시리즈를 레퍼런스 삼으면서 문제가 발생했습니다. 물론 〈여고괴담〉스러운 이야기를 하면서도 좋은 영화가 나올 수 있습니다. 김의석 감독의 〈죄 많은 소녀 2018〉에서 〈여고괴담〉스러운 로맨스는 효과적이고 아름다웠죠. 하지만 10년도 더 된 장르물이 만들어낸 인위적인 이미지의 열화 버전으로 그치는 경우가 더 많습니다. 〈동네사람들 2018〉에 나왔던 김새론과 신세휘 캐릭터의 관계 묘사가 그 뻔한 예라고 할 수 있겠습니다.

이건 경계해야 할 현상입니다. 무성의한 캐릭터는 나쁜 영화를 만들고, 청소년 주인공 영화를 만드는 사람들은 세월을 타고 빠르게 변하는 이 흐름을 기록해야 할 의무가 있으니까요.

56

여기서 나가자

'여기서 나가자 Let's get out of here'는 할리우드 영화에서 가장 자주 등장하는 대사입니다. 적어도 마지막으로 조사했을 때는 그랬습니다. 지금이라고 특별히 다를 것 같지는 않습니다. 이 대사는 'I love you'보다 훨씬 쓸모 있기 때문입니다. 'I love you'는 연애 장면에나 쓸 수 있지만 'Let's get out of here'는 어디로든 갑니다.

이 대사는 기본적으로 장면 전환의 역할을 합니다. 누군가가 'Let's get out of here'라고 말한다면 대부분 다음과 같은 상황일 때입니다. 우선 화자는 혼자가 아닙니다. 그리고 화자는 지금까지 진행된 상황이나 공간에서 벗어나고자 하는 욕구를 품고 있습니다. 대부분 이 대사는 한 시퀀스나 신의 끝을 의미하지만 외부적 요인에 의해 연장될 수 있습니다. 하지만 이 경우도 밑천이 닳아버린 상황에 새로운 변수가 추가되었다는 말이니 결국 새로운 상황의 시작인 겁니다.

이 대사가 소설이나 연극보다 영화에서 더 자주 쓰이는 이유는 극도로 영화적이기 때문입니다. 소설의 경우 이 대사를 신호탄처럼 쓰지 않아도 자연스럽게 장면을 손쉽게 바꿀 수 있습니다. 연극에서는 장면 전환이 영화처럼 많지 않습니다. 대사의 비중이 크고 장면 전환이 잦은 영화라는 장르에서 이 대사가 가장 자주 쓰이는 건 당연합니다.

게다가 이 대사의 의미는 보기보다 넓습니다. 피투성이 군복을 입고 고함을 치면 주인공들이 적군의 공격을 받고 있다는 뜻입니다. 행복한 연인의 입에서 나왔다면 지금까지의 고생은 끝나고 로맨스가 꽃필 것이란 뜻입니다. 세상 사람들은 수많은 이유로 자리를 옮기며, 'Let's get out of here'는 그 모든 순간들의 이유를 담고 있습니다.

57

여자 주인공만 모른다

악명 높은 SBS 주말연속극 〈하늘이시여 2005-2006〉를 잠시 보던 저는 그 시리즈가 가장 뻔한 클리셰 하나를 반복하고 있다는 걸 깨달았습니다. 거기에 '여자 주인공만 모른다'라는 제목을 달면 그럴듯할 것 같아요.

우리의 여자 주인공에게는 뭔가 엄청난 비밀이 있습니다. 문제는 주변 사람들은 다 아는데, 당사자인 주인공만 모른다는 거죠. 왜? 다들 우리의 아름답고 연약하고 소중한 여자 주인공이 그 사실을 알고 충격받을까 걱정하고 있는 겁니다.

〈하늘이시여〉를 보니 걱정하는 게 이치에 맞겠습니다. 거기서 시부모가 자신의 친부 친모라는 사실을 알아차린 우리의 '아름답고 연약하고 소중한 여자 주인공'인 자경은 그 충격으로 임신한 애를 조산하고 심지어 실어증까지 걸려 버리더군요. 이런 일이 일어나서는 안 되지요. 그러나 따지고 보면 이것도 몽땅 작가의 설정이 아니겠습니까? 도대체 우리의 여자 주인공은 왜 그걸 자기 스스로 감당해서는 안 되는 겁니까? 〈닥터 깽 2006〉은요? 왜 유나는 오빠의 죽음과 관련된 비밀을 그렇게 늦게 알아야 하나요? 유나는 자경처럼 약해 빠진 사람도 아니고 임신도 안 했는데? 물론 이유야 있죠. 하지만 드라마 내에서 그 역학 관계와 의미는 똑같습니다. 우리의 여자 주인공은 결코 그 지저분한 비밀에 노출되어서는 안 돼요. 적어도 클라이맥스와 갈등을 만들 때를 제외하면 말이죠.

'여자 주인공만 모른다'는 출생의 비밀만큼이나 고루한 클리셰입니다. 더 나쁜 건 무척 퇴행적이라는 거죠. 이 설정에서 여자 주인공은 아무리 씩씩하고 용맹해도 어쩔 수 없이 보호받아야 하는 연약한 어린애에 불과합니다. 자신의 운명에 전혀 책임을 지지 못하는 것이죠. 여기서 여자 주인공의 유일한 일은 클라이맥스 때 기계적인 충격을 받는 것뿐입니다.

물론 전 이 설정을 지나치게 일반화했습니다. 이 클리셰는 '나만 모르는 엄청난 비밀'이라는 보다 큰 공식에 통합될 수 있고, 이는 여자 주인공의 역할을 전혀 축소시키지 않는 흥미로운 미스터리의 재료가 될 수 있습니다. 하지만 〈하늘이시여〉의 경우는 그와 전혀 상관이 없었지요. 적어도 제가 본 부분은요.

58

여행지 로맨스

공식적인 존재 이유는 여행에 대한 관객들의 판타지를 자극하는 것입니다. 수많은 사람들이 자신을 옭아매는 지긋지긋한 일상생활에서 잠시나마 벗어나 여행을 떠나면 자신을 둘러싼 현실적인 문제점에서 탈출해 새로운 길을 찾을 수 있을 것이라고 믿고 있지요. 여행지 로맨스물들은 그 믿음이 모두 사실이라고 주장합니다.

대부분의 경우 비공식적인 이유가 더 중요합니다. 〈로마의 휴일 Roman Holiday, 1953〉의 무대가 로마가 된 건 순전히 마셜 플랜 때문이었죠. 〈로맨틱 아일랜드 2008〉의 무대가 보라카이가 된 건 필리핀 관광청의 도움을 얻어 제작을 편하게 할 수 있기 때문이고요. 영화나 드라마의 전부나 일부를 해외에서 찍으면 제작비나 홍보 측면에서 얻는 바가 있습니다.

이런 경우 자연스러운 취사선택이 어렵습니다. 〈007〉 영화처럼 제작비가 넉넉하고 유명하다면 로케이션 활용이 자유롭겠지만, 여행지 로맨스 영화들은 대부분 그보다 작고 가난합니다. 그 때문에 이야기는 쉽게 관광지 홍보로 넘어가고 그들의 이야기는 무대가 되는 지역의 지형지물과 밀접하게 연결되지요.

이런다고 영화가 늘 나빠지지는 않습니다. 〈로마의 휴일〉에서 오드리 헵번과 그레고리 펙이 로마 관광지를 홍보한다고 해서 관객들이 불평하지는 않지 않습니까? 하지만 이것도 전문가들의 세련된 기술이 필요합니다. 그런 전문가들을 갖추지 않은 영화들은 제대로 된 홍보물도 아니고 완벽한 로맨스도 아닌 어설픈 단계에서 끝나기 쉽지요.

59

위기일발!

이 클리셰의 역사는 아주 오래되었습니다. 주인공은 악당에게 잡혔습니다. 하지만 악당은 당장 주인공을 죽이는 대신 광산에 가두고 통로를 막거나 꽁꽁 묶어 망치와 톱날이 기다리고 있는 공장의 컨테이너 벨트 위에 올려놓습니다. 위기에 빠진 건 주인공의 애인이나 동료일 수도 있고요. 책의 경우는 여기서 챕터가 바뀌고 텔레비전 드라마일 경우로는 다음 편으로 넘어가거나 광고가 뜹니다.

이본느 라이너의 〈살인 그리고 살인 MURDER and Murder, 1996〉에는 그런 시리즈 영화를 언급하는 재미있는 장면이 나옵니다. 주인공 도리스는 애인인 밀드레드 앞에서 액션 시리즈 〈로켓맨 King of the Rocket Men, 1949〉을 보았던 추억을 퍼포먼스로 보여줍니다. 분명히 전편에서는 정신을 잃고 묶인 채 떨어지는 기차 안에 갇혀 있던 로켓맨이 후편에서는 기차가 떨어지기도 전에 탈출하는 게 아닌가요?!!! 배반당한 어린 도리스는 외칩니다. "너네들 다 장님이니? 로켓맨은 떨어져 죽었어! 이건 모두 거짓말이야!"

스튜디오 독점 시대의 시리즈 영화들에게 이런 클리셰는 밥줄이나 다름없었습니다. 일주일에 한 편 간격으로 상영되었던 이 영화들은 대부분 복잡한 함정에 갇힌 주인공을 보여주고 그 편을 끝냈습니다. 아이들은 달콤한 흥분으로 일주일을 보낸 뒤 다시 극장으로 찾아옵니다. 그럼 다음 편의 도입부에서 주인공은 함정에서 빠져나오고 아이들은 환성을 지르는 거죠. 물론 그 함정에서 빠져나오게 만들기 위해 감독들은 온갖 사기를 쳐야 했습니다.

왜 이런 것들이 애호되었던 걸까요? 가장 기초적인 이유는 '수다쟁이 악당'(133쪽)과 같습니다. 주인공에게 위기와 또 거기서 빠져나올 기회를 동시에 주기 위해서였지요. 이런 함정은 충분히 상황을 자극적으로 만들면서도 노골적인 폭력을 배제할 수 있었습니다.

이런 한가하고 복잡한 함정은 또 주인공의 미묘한 실력을 발휘할 기회가 되기도 했습니다. 〈맥가이버 MacGyver, 1985-1992〉가 그 대표적인 예입니다. 악당들은 맥가이버를 온갖 잡동사니가 가득 찬 창고 안에 가둡니다. 그러면 맥가이버는 잡동사니로 레이저 총을 하나 만들어 그걸로 문을 부수고 빠져나오죠. 본드에게도 이런 함정은 첨단 무기의 실험장이었습니다.

원더우먼이나 슈퍼맨처럼 신분을 위장하고 있는 슈퍼히어로한테도 이런 함정은 필수적이었지요. 악당들이 없는 동안 옷 갈아입을 기회를 얻을 수 있었으니까요.

괴상망측한 함정처럼 슈퍼히어로들의 실력을 보여주기에 좋은 장치도 없었습니다. 구조 플롯에도 적절한 서스펜스를 주는 도구가 되고요. 특히 시한장치(로저 이버트*가 죽도록 싫어하는 클리셰입니다)는 이 클리셰의 구세주였죠. 시한폭탄은 0시를 향해 달려가고 그 옆에는 꽁꽁 묶인 여자 주인공이 누워 있는 거죠. 1분 안에 폭탄을 해제하거나 여자 주인공을 구해 빠져나오지 않으면 모든 게 끝장납니다. 뻔하지만 여전히 손에 땀이 쥐어지지 않나요?

여기에는 아주 강한 에로티시즘도 숨겨져 있었습니다. 복잡한 함정은 다양한 페티시즘의 표현이기도 했습니다. 물에 젖은 속옷만 입고 물레방아에 묶인 〈롱키스 굿나잇 The Long Kiss Goodnight, 1996〉의 지나 데이비스를 떠올려 보세요. 꼭 본디지 페티시스트가 아니더라도 충분히 자극적으로 느낄 만하죠. 이런

* 미국의 유명한 영화 평론가. 평론가로서는 처음으로 할리우드 명예의 거리에 이름을 남겼다.

장면들은 꼭 이성애자 남성만을 위한 것도 아니었습니다. 끝없이 납치당하며 배트맨의 구조를 기다리는 〈배트맨〉 시리즈의 로빈도 있었으니까요.

이 다양한 페티시즘과 새도매저키즘의 결합은 종종 아주 노골적으로 드러나기도 했습니다. 대표적인 예는 〈어벤저 The Avengers, 1961–1969〉의 다섯 번째 시즌, 11화 '에픽' 에피소드입니다. 이 에피소드에서 미친 영화감독은 엠마 필을 납치해서 스너프 영화를 찍으려 합니다! 당연히 엠마를 죽음으로 몰아가는 다양한 함정이 등장하고 그 마지막은 무시무시한 전기톱이 장식하죠. 이게 부족하다면 〈바바렐라 Barbarella, 1968〉에 나오는 오르가슴 기계는 어때요?

'복잡한 함정'의 당위성은 '수다쟁이 악당'보다 떨어지지만 (대부분 악당의 새도매저키즘을 만족시키기 위한 것인데, 별 볼 일 없는 목적에 비해 들이는 공이 너무 큽니다) 아직도 꾸준히 사용되고 있습니다. 효과가 크고 변화를 줄 여지도 많기 때문이지요.

하지만 〈원더우먼 Wonder Woman, 1975–1979〉이나 〈바이오닉 우먼〉을 장식했던 구식 트릭들은 더 이상 쓰이지 않습니다. 요새 액션물은 그런 것 없이도 위기일발의 상황을 만들어 낼 정도로 충분히 폭력적입니다. 특수 효과의 발달로 위기감 창출의 도구도 늘어났고요. 〈로이스와 클락 Lois & Clark: The New Adventures of Superman, 1993–1997〉은 그런 구식 트릭을 남발한 시리즈였지만 그 시리즈도 그런 트릭들을 그냥 다루지는 않았습니다. 그들은 심각한 척하며 그런 상황을 비꼬고 뒤집었습니다.

그러나 패러디의 영역으로 넘어가면 '복잡한 함정'은 보고나 다름없습니다. 30년대 만화 제작자들은 일찍부터 그 사실을 알고 있었지요. 톰과 제리나 벅스 버니, 로드 러너와 같은 만화 주인공들은 수많은 복잡한 함정들과 싸워야 했지요. 당위성을 전적으로 무시한 그 복잡한 기계들은 그냥 보고 있기만 해도 재미있었습니다.

이 클리셰의 미래는 양극단에 놓여있습니다. 새로운 상황 창출로 진부함을 극복하려는 시도는 계속될 것입니다. 그러는 동안 패러디의 영역 역시 꾸준히 발굴되겠지요. 그러나 그 사이에 놓인 구식 트릭이 부활할 가능성은 많지 않은 것 같습니다. 이미 너무 노골적으로 진부해졌거든요.

60

윌헬름 스크림

게리 쿠퍼 주연의 51년작 서부극 〈북을 울려라 Distant Drums, 1951〉에는 군인 한 명이 악어에게 물려 끌려가며 비명을 질러대는 장면이 나옵니다. 바로 이 장면이군요.

Distant Drums, 1951 ©Warner Bros. Pictures.

중간에 고음으로 빽 올라가는 다소 우스꽝스러운 이 비명은

53년에 나온 서부극 〈The Charge at Feather River 1953〉에서 윌헬름이라는 인물이 활에 맞아 죽는 장면에서 재활용되었습니다. 여기서부터 이 비명 소리의 이름이 탄생했죠. '윌헬름 스크림'. 이 이름은 〈스타워즈〉의 사운드 디자이너 벤 버트가 붙인 것입니다. 아직 〈북을 울려라〉가 이 비명 소리의 원조라는 것을 몰랐던 때였죠.

'윌헬름 스크림'은 '클리셰'라는 단어의 사전적 정의에 가장 가까운 클리셰라고 할 수 있습니다. 자주 나오는 특정 상황에 사용하기 위해 미리 만들어놓은 재료이죠. 이 비명 소리는 벤 버트가 재발견하기 전에도 10여 편의 할리우드 영화에서 활용되었습니다. 그러다 벤 버트가 〈스타워즈〉 시리즈와 〈인디아나 존스〉 시리즈 모두에 이 비명 소리를 넣으면서 폭발적으로 유행하기 시작했던 거죠.

이 음향 효과는 일종의 업계 내부의 농담입니다. '윌헬름 스크림'이 재미있기는 하지만 사실 이런 거 없어도 얼마든지 영화를 만들 수 있지 않겠습니까? 하지만 이 비명 소리는 업계 내부의 사람들에게 두 가지 이상의 다른 의미가 있습니다. 첫째, 관객들은 보고 들어도 모르는 그들만의 농담을 만들어 히죽거릴 수 있습니다. 둘째, 50년대의 선배들이 만든 이 음향 효과의 유산을 이런 식으로 보존하면서, 자신들의 직업에 대한 자존심을 과시할 수 있습니다.

지금은 '월헬름 스크림'도 유명해졌습니다. 인터넷 덕분이죠. 그 때문에 오히려 이 농담들을 시작했던 당사자들, 그러니까 벤 버트 같은 사람들은 다시는 쓰지 않겠다고 선언하기도 했지요. 하지만 과연 그의 선언이 언제까지 갈지 모르겠습니다. 습관을 끊기란 쉽지 않지요.

61

유창한 영어를 하는 외국인들

ABC

관객 모두가 벌리츠 박사*처럼 다양한 외국어에 능통할 수는 없습니다. 대부분은 모국어밖에 모르고 어떤 사람들은 그 하나의 언어도 제대로 구사하지 못합니다. 노력해서 한두 가지 외국어를 더 하는 사람들도 있겠지만 그 '한두 가지'도 늘 같지는 않습니다.

결국, 영화의 대사는 모국어인 한 가지 언어로 통일되어야 합니다. 대부분의 영화는 한 가지 언어를 쓰는 사람들의 이야기이므로 그렇게 어려운 요구는 아니죠. 그러나 언제나 그럴 수는 없지 않습니까? 세계를 오가며 활약하는 맥가이버와 같은 친구

* 미국의 언어학자이자 작가. 한국어를 비롯한 30여 개의 언어에 통달했다고 한다.

들은 어떻게 해야 하죠?

영어는 가장 많은 사람들이 쓰는 언어는 아니지만 적어도 가장 넓은 범위에서 쓰는 언어이므로 영어권 영화 주인공들은 나름대로 혜택을 입은 사람들입니다. 어느 나라를 가건 영어를 할 줄 아는 사람을 만날 수 있기는 하거든요.

그러나 그것만으로는 안 됩니다. 주인공이 액션을 진행시키려면 다양한 정보를 독자적으로 들어야 합니다. 아무리 영어가 유창한 외국인이라도 동료나 친구와 말할 때도 영어로 말하지는 않는 법이니까요. 그리고 통역을 넣으면 주인공의 위신이 떨어집니다.

그렇다면 이 상황을 어떻게 처리해야 할까요? 많은 옛날 영화들은 이런 상황을 무시했습니다. 할리우드 영화 속의 외국인들은 외국어로 말을 하는 대신 외국어 사투리로 이야기했습니다. 80년대 시리즈인 〈맥가이버 MacGyver, 1985-1992〉에서도 그렇죠. 맥가이버는 전 세계를 오가며 악당들과 싸우지만, 언어 장벽과 충돌하는 일은 단 한 번도 없습니다.

여기에 약간 재치 있는 트릭을 입힌 영화도 있었습니다. 스탠리 크레이머의 〈뉘른베르크 재판 Judgment At Nuremberg, 1961〉이 그 예입니다. 영화는 처음에 언어 장벽의 리얼리티를 모두 살립니다. 그러다 갑자기 카메라가 한 번 흔들리더니 독일어들이 신비스럽게 영어로 바뀝니다. 이 방법은 잭 라이언 시리즈인 〈붉은 10월 The Hunt for Red October, 1990〉과 〈긴급 명령 Clear and Present Danger, 1994〉에서도 사용되었지요.

그러나 외국어의 리얼리티는 점점 중요해졌습니다. 〈맥가이버〉와 같은 텔레비전 시리즈라면 사람들이 대충 넘어가줄 수 있습니다. 그러나 일반 극영화에서는 그 이상이 필요하죠. 이제 외국어 사투리를 외국어라고 우기기는 점점 힘들어졌습니다.

그래서 다양한 트릭들이 등장합니다. 하지만 그 트릭들 모두가 조금씩 인위적이기 때문에 사람들은 쉽게 질리기 마련이었죠.

〈카바레 Cabaret, 1972〉에서 우리는 그 대표적인 예 중 하나를 볼 수 있습니다. 이 영화에서 독일인 캐릭터 하나는 자기가 영어 실습 시간에 들어왔다고 생각하면서 모든 대화를 영어로 하자고 고집합니다. 어색하지만 그래도 먹히는 수법이었죠. 하지만 이 캐릭터는 영어권 친구들이 없는 동안에도 우아한 독일어 사투리로 계속 영어만 합니다.

미국에 사는 외국인들에게는 영어를 강제할 수 있습니다. 어떤 영화에선가, "우린 이제 미국에 왔으니 영어로만 이야기하자."라고 기특하게 주장하던 이민 가족이 나온 게 생각나는군요.

〈피스메이커 The Peacemaker, 1997〉와 같은 영화에서는 영어의 국제어로서의 가치를 슬쩍 부풀립니다. 테러리스트가 서툰 러시아어로 말하려고 하자 러시아인 악당은 영어로 튕깁니다. "자네들 러시아어는 형편없군. 차라리 영어로 하게."

그러나 이 모든 트릭들도 슬슬 낡은 것이 되어가고 있습니다. 그만큼 할리우드 영화가 그만큼 더 언어 리얼리티를 살리는 쪽으로 나가고 있기 때문이기도 하지만, 영어의 영향력이 점점 커져서 억지 변명 없이 끼워 넣을 수 있기 때문이기도 합니다.

62

음주 후 기억 상실

곧장 말하면 술을 진창 마시고 필름이 끊겼다는 것이죠. 제가 이해할 수 없는 인간행동입니다. 정말 그렇게까지 몸을 험하게 굴리고 싶나요?

하여간 필름이 끊긴다는 건 해마와 측두엽에서 일어나는 기억을 화학적으로 저장하는 걸 알코올이 방해하기 때문에 일어납니다. 현실 세계에서 종종 일어나는 일이기 때문에, 이런 현상을 그리는 것 자체는 별문제가 없죠.

하지만 영화에서 음주 후 기억 상실은 양식화됩니다. 가장 인기 있는 건 주인공이 깨어나 보니 낯선 호텔 방 침대에 누워 있고 그 옆에는 처음 보는 사람이 잠들어 있다는 것입니다. 더 심각한 경우는 그곳이 라스베가스처럼 결혼을 쉽게 할 수 있는 곳이고 둘은 술에 진탕 취한 채 부부가 되었다는 거죠. 이런 설정은 주로 로맨틱 코미디에 활용됩니다. 처음 만났지만 성적으로 끌리는 낯선 사람들 둘을 억지로 엮어서 소동을 만들 수 있으니까요. 이런 경우 두 사람은 끝에 온전한 정신으로 재결합하며 그들의 본능적 이끌림을 정당화하기 마련입니다.

여기엔 몇 가지 변주가 존재합니다. 우선 두 사람들 중 한 사람만 필름이 끊기는 경우가 있죠. 이런 경우 둘은 대부분 친구 사이이며 그날 이후 어색한 짝사랑의 관계가 형성될 수 있습니다. 더 고약한 경우, 여자가 남자 몰래 빠져나온 뒤 임신을 하게 되었다는 사실을 알게 됩니다. 이건 의도적인 접근일 수도 있고 어쩌다 발생한 사고를 혼자 책임지는 경우일 수도 있죠.

보다 끔찍한 경우는 옆에 누워 있는 사람이 죽어 있을 경우입니다. 이런 경우 주인공은 자신이 술김에 누군가를 죽였을지도 모른다는 죄책감에 시달리지요. 이런 경우 음주 후 기억 상실은 진짜 기억 상실의 대체물로 기능합니다. 보다 훨씬 현실성도 있고요. 그러나 이런 설정에서 주인공이 정말로 술에 취해 살인을 저지르는 경우는 거의 없지요. 오히려 가상 현실 조작이 상대적으로 더 흔한 진상입니다.

물론 주인공이 자기 집이나 공원에서 깨어나 필름이 끊기는 걸 확인하는 영화들도 많습니다. 하지만 그것들은 클리셰에서 제외해야겠죠.

63

이건 할리우드의 뻔한 미국식 영웅주의야

비평가, 관객들의 클리셰입니다. 할리우드 액션 영화를 신나게 보고 나서 사람들은 대충 이런 말들을 하지요. "저런 뻔하디 뻔한 미국식 영웅주의를 봤나. 비현실적이고 어처구니없어." 관객들이 이것으로 끝낸다면, 비평가들은 조금 더 복잡한 말들을 동원해서 할리우드 영화의 영웅주의에 대해 정치적인 비판을 늘어놓지요.

할리우드 영화에 영웅주의가 없다는 말은 하지 않겠습니다. 그리고 그것이 미국적이라는 것도 부인할 수 없어요. 당연히 정치적, 문화적 비판도 가능할 겁니다. 저희는 이 세 가지 모두를 인정합니다. 사실이니까요.

그러나 (특히 우리나라에서는) '미국식 영웅주의'라는 말이 지나치게 가볍게 쓰이는 경향이 있습니다. '미국식 영웅주의'에 대해 투덜거리는 사람들은 대부분 무엇이 '미국식 영웅주의'인지 모릅니다.

대충 예를 들라고 한다면 그들은 〈아마게돈 Armageddon, 1998〉에서 브루스 윌리스의 장엄한 희생이나 〈인디펜던스 데이 Independence Day, 1996〉에서 외계인과 싸우는 미국 대통령과 같은 것들을 듭니다. 하지만 과연 이런 식의 영웅주의가 미국 고유의 것일까요?

그럴 리가 없습니다. 영웅주의는 역사가 시작한 이래로 존재해왔으니까요. 최초의 문학 작품이라고 할 「길가메슈 서사시 Epic of Gilgameš」부터가 영웅담 아니었습니까? 영웅들을 모조리 빼버리면 고대 문학은 흔적도 없이 사라집니다.

물론 외계인과 싸우는 대통령은 우리 눈에 어처구니없이 보입니다만, 그런 예를 다른 나라에서도 찾을 수 없는 것은 절대로 아닙니다. 우린 〈다이 하드〉의 일당백 싸움을 보고 웃지만 「삼국지」 같은 책에는 그보다 더 허풍스러운 영웅들이 부글거립니다.

왜 우리들의 눈에는 할리우드 영화의 영웅주의만 보이는 걸까요? 그건 할리우드가 유달리 영웅주의를 많이 써먹기 때문은 아닙니다. 보다 상식적인 이유 때문이지요. 할리우드 영화가 우리나라 관객들이 접하는 전통적인 서사 예술의 아주 큰 부분을 차지하고 있기 때문입니다. 그뿐이에요. 대부분 사람들이 '미국식 영웅주의'라고 주장하는 것은 '길가메슈' 이후 끊임없이 이어온 인류의 가장 오래된 전통일 뿐입니다.

'미국식 영웅주의'는 있습니다. 그러나 이런 거품들을 다 뽑아내고 나면 생각만큼 남는 게 없습니다. 좀 험하게 말한다면 그건 지역적 특성에 불과하니까요. '미국식 우월주의'에 대해서 말하라면… 글쎄요. 실제로 그들은 어느 정도 자격이 있기도 합니다. 〈아마게돈〉 같은 상황이 닥친다면 나설 나라는 미국일 테니까요. 물론 이런 식으로 모든 걸 정당화할 수는 없습니다만.

이런 식의 단순한 조건반사적 비판은 진짜 '미국식 영웅주의'를 제대로 비판하는 데에도 별 도움이 되지 못합니다. 대상에 대한 진지한 이해 없는 자동 비판이 무슨 일을 할 수 있겠어요.

64

이성애 연애 중심은 당연하다

〈검색어를 입력하세요 WWW 2019〉의 주인공들은 한국 인터넷 포털 업계에서 일하는 세 여자들이었습니다. 이들은 모두 밀접하게 연결되어 있어요. 타미와 가경은 드라마 초반까지 유니콘이라는 포털에서 함께 일했습니다. 차현은 바로라는 경쟁 업계에서 일했고, 유니콘을 떠난 타미는 바로에 들어와 차현과 함께 일을 시작합니다. 그런데, 가경과 차현은 고등학교 때 선후배 사이였습니다.

이 드라마의 가장 큰 매력이자 개성은, 일로 얽힌 세 여자의 관계를 마치 로맨틱한 삼각관계처럼 그렸다는 것입니다. 종종 드라마는 이 의도를 숨길 생각이 없습니다. 드라마는 굳이 넣지 않아도 되는 가경과 차현의 고등학교 시절의 회상을 꼼꼼하게 그려 넣는데, 아무리 봐도 이건 그냥 우등생과 유도부 선수가 나오는 청춘 로맨스입니다. 다른 식으로 해석이 불가능해요. 게다가 유니콘에 있을 때 타미가 가경에게 준 시가렛 홀더 반지는 또 뭐랍니까? 그뿐이 아니에요. 드라마는 오로지 삼각관계 연애물일 때만 의미가 있는 수많은 대사들을 이들에게 줍니다.

그렇다고 해서 이들이 진짜로 연애를 해야 할 필요는 없습니다. 사람의 감정이란 건 복잡하고 다양하니까요. 연애처럼 보이지만 연애가 아닌 관계는 흔하고 재미있는 소재이기도 합니다. 중요한 건 드라마가 이들 관계를 중심으로 잡았다면 끝까지 중심에 놓아야 한다는 것입니다.

그런데 드라마는 이들이 남자들과 얽히면서 점점 이상해집니다. 가경과 남편 이야기는 스토리와 밀접한 관계를 이루고 있기 때문에 큰 문제는 없습니다. 타미와 작곡가 모건과의 관계도 비혼주의자인 직업여성의 연애를 다룬다는 점에서 어느 정도 의미가 있을지도 모릅니다. 하지만 차현이 드라마 배우를 팬질하다가 연애를 시작할 때는 "아무리 생각해도 이건 아니지"라는 생각이 듭니다.

뭐가 문제일까요? 일단 이들의 이야기는 유니콘과 바로의 1위 쟁탈전이라는 기본 스토리, 타미, 가경, 차현의 삼각관계라는 기본 인간관계에서 시간과 에너지를 빼앗고 있습니다. 보다 보면 어이가 없어요. 설정상 이들은 일벌레들이고 사방에서 어마어마한 압력을 받고 있습니다. 그런데 연애를 시작하면서 엄청나게 중요한 위치에 있는 차현은 남자 친구의 촬영 현장을 따라다니기 시작하고 그 뒤로 일을 하는 걸 거의 볼 수가 없습니다. 심지어 남자 친구와 함께 있을 때는 캐릭터까지 바뀌는 거 같아요.

왜 이렇게 된 것일까요? 그건 드라마를 만드는 사람들과 시청자들이 '반드시 이성애 연애를 넣어야 한다'라는 강박에 빠져 있기 때문입니다. 그건 이야기를 망치고 캐릭터를 깨트리고 앞뒤가 안 맞고 재미가 없어도 반드시 들어가야 하는 무언가인 것입니다.

드라마나 영화의 작가들이 이성애 연애 관계를 너무나도 당연하게 생각하는 나머지 거기에 설득력을 불어넣는 작업을 처음부터 포기하는 경우는 흔합니다. 그냥 이성애 연애이기 때문에 갑자기 중심으로 들어오는데, 앞에서 진행되는 이야기와는 달리 깊이도 논리도 캐릭터의 일관성도 없습니다. 작가들은 이들이 메인 이성애 커플이니 시청자들이 당연히 집중해야 한다고 생각하며 더 이상 작업을 하지 않는 것입니다. 더 웃기는 건 그런 걸 또 당연히 받아들여야 한다고 생각하는 시청자들도 만만치 않다는 거죠. 더 나쁜 건 이런 기계적인 이성애 연애에 밀려 공들여 쌓아놓은 다른 관계들이 자리를 비켜주어야 하는 경우도 만만치 않게 많다는 것이고요. 악순환의 고리가 형성되는 것입니다.

〈WWW〉가 재미있었던 건, 드라마가 삽입한 이성애 연애 관계 묘사가 이 기준으로 보아도 너무 건성이라 오히려 일종의 저항처럼 보였다는 것입니다. 그 때문에 드라마는 종종 이런 클리셰의 풍자물처럼 보였습니다.

65

자기 연민을 속죄라고 착각하는 남자들

제가 KBS 미니시리즈 〈마왕 2007〉에 쉽게 몰입하지 못하는 건 주인공 강오수 형사의 태도가 마음에 들지 않기 때문입니다. 열심히 살아온 인물이며, 현재 매우 애매한 상황에 처해있습니다. 하지만 그럼에도 불구하고 그는 여전히 한 사람을 죽였고 한 가정을 파괴했으며, 그와 관련된 수많은 사람들의 망가진 인생에 책임이 있습니다. 그 사실은 절대로 바뀌지 않아요.

겉보기에 그는 죄책감에 차 있는 것처럼 보입니다. 하지만 그의 행동은 그렇게 설득력이 없어요. 그는 세상 고민을 다 짊어진 것처럼 고함을 질러대다가도 자신이 괴롭혔던 옛 동창을 만나면 성인군자라도 되는 것처럼 설교를 늘어놓습니다. 그 친구 입장에선 재수 없다고 생각하는 게 당연하죠. 아무리 그가 하는 말이 진실에 가깝다고 해도요.

그를 움직이는 건 죄책감이 아니라 자기 연민입니다. 물론 죄책감에 기반을 둔 자기 연민이죠. 하지만 결과는 같습니다. 그는 여전히 자신의 고통을 가장 중요하게 생각해요. 그 때문에 외부로 드러나는 고통이 더 큰 겁니다.

이런 캐릭터들은 꽤 많습니다. 가장 유명한 건 〈버피 Buffy the Vampire Slayer, 1997-2003〉 시리즈의 앤젤과 스파이크겠죠. 둘 다 지은 죄 때문에 고생이 많은 친구들인데, 문제는 이들이 그 죄책감을 폼 나는 가죽 재킷처럼 과시용으로 입고 다녔다는 데 있습니다. 그들은 자신의 고통을 자신의 죄보다 중요시 여겼습니다.

물론 이들은 모두 결점 있는 친구들입니다. 자기 연민을 속죄라고 착각하는 것도 그런 단점들 중 하나죠. 하지만 그들이 어떻게 생각하건 작가가 이 둘을 구분하는 건 중요합니다. 결국 세상과 시청자들과 관객들에게 중요한 건 태도와 결과이니 말입니다.

건강한 예가 필요하다고요? 죄책감의 왕인 장 발장은 어떻습니까? 그는 단 한 번도 자신의 고통을 오페라 디바처럼 과시한 적 없습니다. 그 고통을 몽땅 속에 묻어두고 자신은 말없이 속죄의 길을 걸었지요. 장 발장과 같은 성자가 되는 건 어려운 일입니다. 하지만 멀리서 보고 흉내 정도는 낼 수 있겠죠.

나는 야생의 것들이
자기 연민하는 모습을 본 적이 없다.
작은 새조차 얼어 죽어
나뭇가지에서 추락할 때도
자기 연민하지 않는다.

– D. H. 로런스 '자기 연민 Self-Pity' 〈지.아이. 제인 G.I. Jane, 1997〉

66

자포자기 자백

미국 텔레비전 수사극에서 많이 사용됩니다. 주인공 형사가 40여 분간의 수사 끝에 드디어 범인을 궁지에 몰아넣을 수 있는 증거를 잡습니다. 그는 방영 시간이 끝나기 5분 전에 범인을 앞에 놓고 자신의 추리를 들려주고 제시합니다. 바로 얼마 전까지만 해도 무죄를 주장하며 시니컬한 미소를 흘리고 있던 범인은 그 순간부터 갑자기 태도가 바뀝니다. 마치 해탈이라도 한 것처럼 편안한 표정을 지으며 살인 동기와 과정을 털어놓는 거죠.

조금만 들여다봐도 알 수 있지만, 이건 말이 안 됩니다. 우선 형사가 제시하는 증거가 그렇게 결정적인 경우는 별로 없습니다. 그리고 결정적이라고 해도 갑자기 용의자가 태도를 그렇게 바꾸는 경우도 상대적으로 적죠. 아마 그들은 대부분 이전의 뻬

딱한 태도를 유지하며 변호사를 불러달라고 할 겁니다.

수사극의 범인들이 이처럼 협조적인 이유는 무엇일까요? 그거야 이야기를 맺기가 편하니까요. 텔레비전 드라마의 러닝 타임은 한정되어 있습니다. 45분 안에 모든 이야기를 마무리 지어 줘야죠. 그러는 데엔 '자포자기 자백'처럼 깔끔한 방법은 없습니다. 종종 인공적이고 억지스럽지만, 텔레비전 드라마에서 그런 걸 따지는 건 사치입니다.

일부러 이 규칙을 깨트리는 작품들도 있습니다. 피고의 무죄 선언으로 끝나는 〈프라임 서스펙트 Prime Suspect, 1991-2006〉 1시즌이 대표적인 예죠. 그리고 텔레비전 수사극이라고 모두 '자포자기 자백'으로 끝나는 건 아니죠. 단지 그런 경우가 많을 뿐이지.

67

자폭 장치

리들리 스코트의 〈에일리언 Alien, 1979〉 후반부에서 노스트로모 호의 승무원들은 자기네들을 한 명씩 살해하는 괴물로부터 탈출할 수 있는 유일한 방법은 우주선을 자폭시키고 승무원만 셔틀로 탈출하는 것뿐이라고 결론을 내립니다. 물론 그건 다 쓸모없는 짓이었죠. 노스트로모가 폭발하기 직전에 괴물은 유일한 생존자 리플리와 함께 셔틀선에 숨어들었으니까요.

전 〈에일리언〉을 정말 좋아하지만 이 작품의 막판 논리에는 영 공감하기 어렵습니다. 정 괴물이 무섭다면 셔틀선을 타고 우주선 밖으로 나가기만 해도 됩니다. 우주선 근처를 떠돌면서 구조 요청을 해도 되지요. 굳이 우주선을 폭파할 필요는 없단 말입니다. 사실 꼭 셔틀선을 타고 우주선 밖으로 나갈 필요도 없을 거예요. 그 정도 크기의 우주선이라면 괴물이 있는 곳만 차단하는 방법은 얼마든지 있었을 거란 말이죠. 아무리 생각해도 노스트로모의 폭파는 우스꽝스러운 낭비입니다.

더 웃기는 건 자폭 장치가 있다는 것입니다. 도대체 왜요? 노스트로모는 우주 화물선입니다. 대단한 비밀 같은 건 가지고 있지도 않아요. 물론 여러분은 외계 종족과 만날 가능성 같은 걸 대비해야 한다고 생각하실지도 모르죠. 그래도 괴상한 건 마찬가지입니다. 노스트로모가 악의 가득한 지성 종족과 우주 어딘가에서 만난다면 이미 그 종족은 노스트로모와 비슷하거나 그 이상의 테크놀로지를 가지고 있음이 분명하니 말이죠. 테크놀로지를 빼앗길 걱정 따위는 할 필요가 없는 것입니다. 지구가 어디 있느냐 따위의 정보가 유출될까 걱정된다면 그 부분만 따로 없애면 되는 거고.

하지만 그럼에도 불구하고 자폭 장치는 어디든 있습니다. 대부분 그 장치는 막판까지 숨겨져 있다가 주인공이 적들을 없애는 마지막 수단으로 등장하죠. 주인공은 간신히 탈출하거나 막판까지 남아 동료들이 탈출할 때까지 시간을 벌다가 자폭합니다. 여기서 자폭 장치는 일종의 '기계 장치의 신'*으로 엉키고 엉킨 문제를 해결하기 위한 가장 손쉬운 방법으로 등장합니다.

* deus ex machina, 고대 그리스 연극의 한 기법으로, 갑자기 신이 나타나 복잡하게 진행되던 상황이 단번에 해결된다.

물론 모든 자폭 장치가 이런 클리셰에 해당되는 건 아닙니다. 예를 들어 〈다크 나이트 The Dark Knight, 2008〉의 특정 장면에 나오는 자폭 장치는 클리셰라고 할 수 없죠. 제가 배트맨이라고 해도 자기 차에 자폭 장치를 달고 다닐 테니까요.

68

잘못 엿듣기

〈버피 Buffy the Vampire Slayer, 1997-2003〉 5시즌 에피소드 'Blood Ties'에서 버피의 동생 던은 드디어 자신이 6개월 전에 인간으로 다시 태어난 '열쇠'라는 사실을 알게 됩니다. 하늘이 무너지는 충격으로 정신이 오락가락한데, 글쎄 밑에서는 버피가 엄마에게 "걔는 진짜가 아니에요. 우린 걔의 진짜 가족도 아니라고요. 우린 걔가 누군지도 몰라요" 따위의 말이나 늘어놓고 있네요. 실망하고 겁에 질린 던은 두 사람이 떠드는 동안 잽싸게 집에서 뛰쳐나옵니다.

만약 던이 엄마와 언니의 대화를 처음부터 끝까지 엿들었다면 그렇게까지 충격을 받지는 않았을 겁니다. 버피는 그 대사 뒤에 "걔가 지금 그렇게 느끼고 있을 거란 말이에요"라고 덧붙이거든요. 던은 정말 최악의 부분만 골라 들은 거예요.

'잘못 엿듣기'는 오해를 이용해 스토리를 전개시키는 가장 손쉬운 방법 중 하나입니다. 진부하다는 걸 빼면 상당히 쓸모 있죠. 만약 캐릭터들의 관계가 지나치게 안전하게 느껴진다면 이런 식으로 불신을 조장해 드라마와 분열을 일으킬 수 있습니다. 추리물이라면 이런 식으로 잘못된 정보를 전달해서 독자나 관객들을 헷갈리게 할 수 있죠.

많은 진부한 이야기들이 그렇듯 여기에도 유익한 교훈이 있습니다. 하나는 아무리 친한 사람들 사이라고 해도 위험한 불신의 씨앗은 존재하고 있다는 것이고, 다른 하나는 전체 문맥 속에서 이해하지 않으면 개별 문장들은 쉽게 엉뚱한 의미로 해석될 수 있다는 겁니다.

69

잠자는 미녀 키스

문화적으로 용인된 성추행입니다. 「잠자는 숲속의 공주 La Belle au bois dormant, 1634」의 오리지널 스토리에서는 왕자가 잠자는 공주에게 키스하는 대신 공주를 강간해 임신까지 시키니 그 이야기가 그대로 전승되었다면 큰일 날 뻔했죠.

물론 정말로 '잠자는 미녀 키스'가 성추행으로 그려지는 경우는 별로 없습니다. 성추행범이 되는 대신 마법에 걸린 공주를 깨우는 해방자의 역할이 더 크죠. 디즈니의 〈백설공주와 일곱 난쟁이〉에 나오는 왕자가 가장 대표적인 예입니다. 요새는 수영장이나 해수욕장의 인공호흡이 그 역할을 해주기도 해요. 〈My So Called Life 1994-1995〉에서 주인공 앤젤라 체이스가 키스라고 우기면서 가슴 떨리는 추억으로 기억하는 것도 바로 그런 해변의

인공호흡이었죠.

그러나 일반적인 '잠자는 미녀 키스'에서 키스하는 사람은 해방자보다는 약자인 경우가 더 많습니다. 한마디로 상대방이 깨어있을 때는 차마 자신의 욕망을 표현하지 못하는 거죠. 제이미 배비트의 단편 〈잠자는 숲속의 공주들 Sleeping Beauties, 1999〉이 바로 그런 경우입니다. 이 영화에서 잠자는 공주들은 주인공 헤더의 처절한 짝사랑의 상징입니다.

배비트의 단편은 사랑스러운 로맨스지만 보다 섬뜩한 의미도 품고 있습니다. 바로 '네크로필리아'* 요. 조금만 넘어가면 린 스톱케비치의 불쾌한 영화 〈키스드 Kissed, 1996〉의 영역으로 넘어가게 되지요. 이런 주제를 강조하지 않는 경우에도 '잠자는 미녀'는 죽은 사람일 때가 많습니다. 〈레미제라블〉에서 에포틴느가 마리우스의 키스를 받았을 때, 그 사람은 이미 죽어있었죠.

또 다른 변형은? 전 MBC 주말연속극 〈진짜진짜 좋아해 2006〉에서 '역 잠자는 미녀 키스'라고 할 만한 것을 봤습니다. 봉기가 봉순이의 잠자는 모습을 내려다보고 있었는데, 장 선생님과 함께 있는 꿈을 꾸고 있던 봉순이가 여전히 잠든 상태에서 갑자기 봉기에게 키스를 하더군요. 아까 '잠자는 미녀 키스'가 문화적으로 용인된 성추행이라고 했는데, 이 경우는 당사자가 책임질 필

* 범죄 심리학 용어로, 시신에 대한 애착을 가진 환자 또는 그 애착증 자체를 말한다.

요도 없는 성추행이라고 우길 수 있겠군요.

70

저럴 줄 알았어!

시상식이나 영화제 마지막 날 튀어나오는 관객들과 시청자들의 클리셰입니다. 영화에 웬만한 관심이 있는 사람들이라면 한번씩 이 클리셰에 말려들었을 겁니다. 저도 그렇고 여러분도 그래요.

자, 시상식이 끝났습니다. 어떤 상은 사람들이 오래전부터 예측했던 사람에게 돌아갔고 어떤 상은 비교적 또는 아주 뜻밖의 인물에게 돌아갔지요. 하지만 아무리 뜻밖인 수상이어도 꼭 이런 말을 하는 사람들이 나오기 마련입니다. "저럴 줄 알았어. 저건 처음부터 너무 자명한 것이었다고. 왜냐하면 주절주절…" 네, 이런 경험은 분명 저만 가지고 있는 건 아닐 겁니다. 저 자신 역시 바로 몇 초 전에 똑같은 소릴 늘어놨는걸요. 이 글을 쓴 뒤에도 그런 버릇이 멎을 거라고 생각하지 않습니다.

구체적인 예를 들어보죠. 2001년 아카데미 최고 이변은 마샤 게이 하든*이었습니다. 그렇다고 이 사람 수상에 설명을 붙이는 게 어려울까요? 천만에요! 이렇게 말할 수 있습니다. "케이트 허드슨과 프랜시스 맥도먼드가 유력했었다고? 하지만 넌 둘이 같은 영화에 출연했다는 걸 잊고 있어. 분명히 둘은 서로의 표를 갉아먹을 거야. 주디 덴치? 이미 몇 년 전에 조연상을 한 번 받았잖아. 과연 〈초콜렛 Chocolat, 2000〉 같은 영화로 또 상을 줄까? 줄리 월터즈? 좋은 배우지만 아카데미는 외국인들에게 박해. 자, 이제 마샤 게이 하든을 보라구. 아카데미상이 좋아하는 극적인 캐릭터에, 주연이라고 해도 될 만큼 비중도 크잖아. 게이 하든이 상을 타는 건 당연했어." 그러나 이렇게 주절거리는 사람이 과연 게이 하든이 아카데미상을 탈 걸 사전에 예측하기는 했을까요? 어림 반 푼어치 없죠. 전 나머지 네 명에 대해서도 이 정도 설명은 모두 다 달아줄 수 있습니다. 여러분도 그래요. 이건 정말 쉬운 일입니다.

뻔하기 짝이 없는 거짓말인데도 불구하고 여전히 많은 사람이 '당연해'를 늘어놓습니다. 여러분은 다음 호 영화 잡지에서도 수많은 '역시 그랬어'식의 문장들을 찾아낼 수 있을 겁니다. 왜

* 〈폴락 Pollock, 2000〉으로 아카데미 여우조연상을 수상한 배우. 〈미스트 The Mist, 2007〉의 광신도, 카모디 부인 역으로 유명하다.

냐고요? 첫째로 이렇게 떠들면 최소한의 노력만으로 우리의 위상을 잔뜩 높일 수 있습니다. 둘째로 이건 단순히 잘난 척을 위한 놀이가 아닙니다. 어떻게 이런 일이 일어났는지 설명하려는 지적 시도지요. 단지 이런 작업은 자연과학적 대상과는 달리 검증이 쉽지 않아서 의미 있는 분석이 되기는 힘들지만 말입니다. 하긴 대부분 인문학적 연구 대상들이 다 그렇지 않겠습니까?

이런 시도 자체는 어느 정도 필수적입니다. 결국 우리는 세상이 어떻게 돌아가는지 설명하고 싶어 하니까요. 그건 우리 인간의 본성입니다. 그리고 이런 식으로 약간 잘난 척을 한다고 해서 해될 건 없습니다. 단지 이런 허풍에 진짜로 속아 넘어갈 필요는 없다는 거죠.

중요한 교훈이 따라오니 암기하시길. 설명될 수 있다고 해서 그게 사실이라는 법은 없습니다. 아까 예로 든 게이 하든도 마찬가지죠. 전 주디 덴치가 수상했다고 치고 같은 수준의 설명을 늘어놓을 수 있습니다. 하지만 그렇다고 주디 덴치가 정말로 수상한 것은 아니잖아요? 마찬가지로 게이 하든이 상을 탔다고 해서 위에 주저리주저리 늘어놓은 설명이 사실이라는 법은 없는 겁니다. 구체적인 자료가 없는 한, 이 모든 것들은 탁상공론에 불과합니다.

71

조심하게

수백 명의 테러리스트들이 빌딩을 점거하고 있고 우리의 주인공은 권총 하나에만 의지한 채 홀로 건물에 잠입해야 할 참입니다. 주인공의 보스는 "아무도 널 도와줄 수는 없다. 테러리스트들은 15분 만에 몽땅 죽어야 한다. 인질이 털끝 하나라도 다치기만 하면 넌 모가지다." 따위의 뻔한 소리를 늘어놓고 주인공을 내보냅니다. 주인공이 막 나가려고 하는데 갑자기 그 양반이 그를 불러 세우죠. 또 잔소리를 하려니 하면서 뒤를 돌아보는 주인공. 그러나 보스가 하는 말은 뜻밖에 자상합니다. "조심하게."

대부분 액션 영화를 보면 "조심하게"라는 대사는 늘 비슷비슷한 리듬을 타고 있다는 걸 알 수 있습니다. 열정적인 정치적 연설이나 냉정한 사건 분석이 이어진 뒤, 주인공이나 관객들이 모두 이제 끝났으려니 하는 틈을 타서 수줍게 살짝 따라붙는 것이지요.

왜 '조심하게'라는 말은 늘 이런 식으로 나오는 것일까요?

이유는 간단합니다. 그건 사적인 감정 표출이기 때문에 중요한 업무 뒤에 나와야 하죠. 보스가 해야 할 가장 중요한 일은 정보 제공이나 연설입니다. 그게 주인공의 생명을 구할 수도 있으니까요. '조심하게'는 해도 좋지만, 안 해도 특별히 나쁠 것은 없는 말입니다. 그러니 중요한 말 뒤에 따라붙는 건 당연하죠.

하지만 왜 그렇게 뜸을 들이는 걸까요? 왜 연설 뒤에 '그럼 조심하게'라고 말하지 않는 걸까요?

그건 나중에 조심스럽게 말하는 것이 더 감정 표출에 유리하기 때문입니다. 애인이나 부모가 '조심해라'라고 말한다면 그건 별다른 감흥이 없습니다. 당연한 것이니까요. '조심해라'라는 말에 담긴 감정이 효과를 발휘하려면 엉뚱한 사람한테서 나오는 게 더 좋죠. 성마른 직장 동료나 보스가 업무 관련 이야기를 늘어놓다가 뒤에 살짝 '조심하게'를 덧붙인다면 앞의 이야기와 대비되어 훨씬 효과가 좋겠지요. 사실 감정은 모순되는 표현 속에 가려져 있다가 살짝 드러나는 편이 그대로 노출되는 것보다 더 효과적입니다.

하지만 저한테는 이게 슬슬 진부해 보이기 시작합니다. 리듬만으로도 "조심하게"라는 말이 언제 나올지 짐작할 수 있으니까요. 그러나 아직도 놀리는 분위기 없이 잘 쓰이는 걸 보면 작가들은 이 트릭이 그렇게까지 진부하다고 생각하지 않는 모양이에요.

72

죽어가는 SF 클리셰

요새 〈환상특급 The Twilight Zone, 1959-1964〉 1시즌을 다시 보고 있는데, 좀 재미있는 에피소드들이 눈에 들어옵니다. 일단 'The Lonely'라는 에피소드가 있는데, 소행성의 감옥에 갇힌 남자가 주인공입니다. 그런데 이 사람들은 캘리포니아의 사막을 소행성이라고 우기면서 이 에피소드를 찍었어요. 그러니까 이 소행성은 공기가 있고, 심지어 덥고 지구와 같은 중력을 가진 '소행성'입니다. 어이가 없죠? 심지어 이런 에피소드가 하나 더 있습니다. 'I Shot an Arrow into the Air'라고요. 우주 비행사들이 역시 지구 사막처럼 보이는 소행성에서 생존을 위한 사투를 벌이는 이야기입니다. 그런데 반전이 있습니다. 알고 봤더니 여긴 진짜로 지구의 사막이었어요.

어떻게 이런 말도 안 되는 이야기가 나왔을까요? 당시 사람들은 정말로 그렇게 천문학 지식이 떨어졌을까요? 아뇨, 당시 사람들도 소행성이 어떤 곳인지 알았습니다. 단지 과학 지식과 상관없이 그런 이야기를 써도 괜찮다고 생각했던 겁니다.

종종 고전 SF를 별 지식 없이 본 요새 관객들은 이런 설정에 당황하곤 합니다. 〈혹성탈출 Planet of the Apes, 1968〉의 유명한 반전이 있지 않습니까? 찰튼 헤스턴이 무너진 자유의 여신상을 발견하고 지금까지 자기가 낯선 행성이라고 생각했던 곳이 사실은 지구라는 걸 알아차리는 장면요. 요새 관객들은 그걸 보고 어리둥절해한답니다. 그건 정말 이상한 설정이잖아요. 인간과 유인원 같은 지구 생물들이 살고 있는 곳이에요. 어떻게 그게 다른 행성일 수 있겠어요. 하지만 당시 사람들은 그게 먹힐 거라고 생각했습니다.

SF와 실제 과학 사이에는 속도의 차이가 있습니다. 과학적으로는 말도 안 된다는 것을 알지만 그래도 쓰는 이야기의 재료들이 있지요. 이 중 상당수는 이 책의 다른 챕터에서 언급했습니다. 외계인과 지구인 사이에서 태어난 혼혈, 우주에서 들려오는 폭발음과 같은 것들 말이죠. 다 알면서도 그냥 썼던 재료들입니다.

이 재료들은 서서히 죽어갑니다. 위에서 언급한 〈환상특급〉의 에피소드는 그냥 괴상합니다. 〈혹성탈출〉의 결말도 점점 그래지고 있고요. 요새는 우주 배경의 영화에서 슬슬 소리를 빼고 있습니다. 이전 설정을 그대로 써야 하는 〈스타트렉〉과 같은 시리즈는 한동안 그 괴상함 속에 갇힐 수밖에 없겠지만요.

73

준비된 악당

〈원더우먼 Wonder Woman, 1975-1979〉의 첫 번째 시즌, 1화 'Wonder Woman Meets Baroness Paula Von Gunther' 에피소드에서 원더우먼은 납치된 스티브 트레버를 구출하기 위해 스파이의 저택을 찾아갑니다. 그런데 문을 열고 들어오자마자 편안한 가운을 입은 스파이가 걸어오더니 이러죠. "기다리고 있었소, 원더우먼." 그러자마자 뒤에서 또 다른 스파이가 마취약이 든 스프레이를 원더우먼의 얼굴에 뿌려 기절시킵니다.

시퀀스의 결말은 조금씩 다를지 몰라도, 기본 형식은 끊임없이 반복됩니다. 주인공이 온갖 자잘한 단서들을 모아 악당의 정체를 알아내거나 부하들을 수십 명씩 해치운 뒤 악당 두목을 잡으러 갑니다. 하지만 이 악당은 이미 오래전에 준비를 딱 하고 주인공을 기다리고 있었어요. 그리고 이렇게 말하는 겁니다. "기다리고 있었소, 원더우먼/미스터 본드/닥터 존스/배트맨/슈퍼맨…" 이런 악당들은 시리즈물에 특히 많은데, 그래야 뒤에 이름을 붙이는 게 더 근사하게 들리기 때문입니다.

'준비된 악당'이 이렇게 많이 등장하는 건 일단 이게 액션 영화의 리듬에 알맞기 때문입니다. 언제까지 주인공들이 악당들을 물리치며 상승만 할 수는 없지요. 완만하고 변화 없는 상승 직선은 변화가 없는 것만큼이나 재미가 없습니다. 클라이맥스에 오르기 전에 약간의 휴지기를 주고 그 상황에서 갈등을 폭발시켜야 하는 겁니다.

이런 설정은 악당들의 수준을 높여주기도 합니다. '기다리고 있었소' 악당은 여러모로 주인공보다 유리한 위치에 있습니다. 주인공의 행동을 예측할 만큼 똑똑하고 대결에서 승리할 만한 힘과 기술도 보유하고 있는 거죠. 한 마디로 싸울만한 가치가 있는 겁니다.

이 클리셰는 자연스럽게 다른 클리셰로 연결되기도 합니다. 위의 〈원더우먼〉 에피소드는 '위기일발!'(176쪽) 클리셰와 '수다쟁이 악당'(133쪽) 클리셰 모두와 연결되지요. 하긴 약속이라도 한 것처럼 똑같은 소리만 하는 악당들이 다른 클리셰에 빠지는 것처럼 당연한 일이 있을까요?

74

처음으로 만나는 악당

이 클리셰의 가장 모범적인 예는 〈배트맨 2 Batman Returns, 1992〉의 초반에 나옵니다. 죽었다가 초능력을 얻고 되살아난 셀리나 카일은 새로 맞추어 입은 캣우먼 옷을 입고 돌아다니다가 길거리에서 여자를 터는 강도를 만납니다. 강도를 혼내 준 캣우먼은 고마워하는 여자에게 으르렁거리며 자신의 이름을 알리죠.

미국식 슈퍼히어로를 다룬 영화나 만화 과반수가 이런 식의 마수걸이 악당들을 이용하는 것 같습니다. 막 초능력을 얻은 주인공이 이 힘을 어디다 쓸까 고민하며 돌아다니다가 꼭 여자를 터는 강도를 만나는 거죠. 물론 설정은 조금씩 다를 수밖에는 없지만 가장 뻔한 게 여자를 터는 강도입니다. 제가 시사회에서 본 〈샤잠! Shazam!, 2019〉에도 샤잠으로 변한 주인공 빌리 뱃슨이 슈퍼히어로 첫날 밤에 그런 강도를 만나더군요.

물론 그들은 철저한 설정의 희생자들입니다. 막 슈퍼히어로가 된 주인공의 진짜 실력을 보여주는 에피소드를 만들려면 그 장면에서는 주인공의 완전한 승리가 보장되어야 합니다. 하지만 그러기 위해 그 장면에 진짜 악당들을 등장시킬 수는 없죠. 고로 상당히 위험하지만 초능력은 없고 척 봐도 역겹고 조잡해서 아무도 신경 쓰지 않는 그런 시시한 악당이 등장하는 것입니다.

이런 악당들을 쓰는 슈퍼히어로 대부분이 조금 어둡고 모호한 구석이 있다는 점도 지적해야겠군요. 슈퍼맨과 같은 밝고 개방적인 영웅은 결코 첫 삽을 뒷골목에서 뜨지 않습니다. 대통령이 탄 비행기를 구하고 다리 밑으로 떨어질 뻔한 기차를 살리면서 요란하게 시작하지요.

75

총알

총알은 영화 세계에서 가장 마술적인 물체입니다. 논리만 따진다면 이건 금속 머리를 가지고 화약을 둘러싼 원통형의 물체에 불과하죠. 녀석이 할 수 있는 건 작용 반작용의 법칙에 의해 앞으로 전진하는 것이고 말입니다. 하지만 이것이 사람 생명과 관련된 물체이다 보니 온갖 미신들이 생겨납니다. 이건 꼭 할리우드에서만도 아니죠. 진짜로 괴상한 미신들이 만들어지는 곳은 이것들이 직접 사용되어 사람의 목숨을 빼앗을 수 있는 곳, 그러니까 전쟁터나 군대 같은 곳입니다.

할리우드의 총알들은 전쟁터의 총알 미신과는 조금 다릅니다. 보다 자의적으로 움직이죠. 전쟁터의 미신이 모든 사람들에게 적용되는 괴상한 초자연적인 선택이라면, 할리우드의 총알들은 순전히 극적인 목표에 봉사합니다.

가장 괴상한 건 총알의 숫자입니다. 고전 할리우드 시대 때만 해도 총알의 숫자는 수학 법칙을 따랐습니다. 6연발에는 총알이 여섯 개 들어갑니다. 콘티 실수가 아니라면 이 규칙은 대체로 지켜집니다. 하지만 60년대 이후로 영화쟁이들은 이 단순한 수학을 보다 유연하게 적용했습니다. 특히 스파게티 웨스턴과 홍콩 누아르에서 그렇죠. 이 장르에서 총알들은 아무런 이유 없이 총구 안에서 증식합니다.

총알은 극적인 순간에 없어지는 경우가 있습니다. 주로 악당을 쏴 죽이기 일보 직전인데 러닝 타임이 남았거나 총을 쥔 사람이 최종 주인공이 아닐 경우에 이런 일이 일어납니다. 대표적인 예가 〈터미네이터 2 Terminator 2: Judgment Day, 1991〉죠. 물론 이것은 주인공에게 유리하게 작용해서 탈출의 기회를 마련해주기도 합니다. 이건 증식하는 총알만큼 비논리적이지는 않습니다. 그냥 지나치게 편리할 뿐이죠.

종종 초능력을 가진 엄청난 총알들이 등장합니다. 총을 맞은 사람이 그 충격으로 튕겨나가 뒤에 있는 유리창을 박살 내는 경우까지 있죠. 정말 총알을 맞으면 주먹으로 세게 얻어맞는 것 같다고 경험자가 말해주더군요. 하지만 총에 맞은 몸이 유리창을 깰 정도의 충격은 주지 못합니다. 그건 디스커버리 채널의 〈호기심 해결사 MythBusters, 2003-〉가 이미 증명했죠.

영화 속 총알은 종종 작용 반작용의 법칙을 위반합니다. 가장 극단적인 예로 〈이퀼리브리엄 Equilibrium, 2002〉의 주인공들은 건 카타를 하면서 반동을 전혀 느끼지 못하는 것 같습니다. 그건 공중을 날면서 쌍권총을 휘둘러대는 주윤발도 마찬가지죠.

76

추락하는 악당

〈미녀와 야수〉에서 가스통이 어떻게 죽는지 기억나세요? 목숨을 살려준 야수를 비겁하게 등 뒤에서 찌르려고 하다가 그만 성에서 떨어져 죽고 말지요. 디즈니 영화 〈다이너소어 Dinosaur, 2000〉에서도 나쁜 육식 공룡이 비슷한 최후를 맞습니다. 스필버그가 제작한 애니메이션 〈공룡 시대 The Land Before Time, 1988〉에도 비슷한 결말이 있고요.

그렇다면 디즈니 영화와 같은 어린이 영화 속에서 악당은 주로 높은 데서 떨어져 죽는다는 걸까요? 다들 그렇지는 않지만 많은 영화에서 그렇습니다. 죽는 방법의 다양성을 생각한다면 꽤 선택의 여지가 적어 보이죠.

어린이 영화에서 이런 죽음이 선호되는 이유는 무엇일까요?

두 가지가 있습니다.

우선 죽는 장면을 진짜로 보여주지 않는다는 장점이 있습니다. 등급을 고려해야 하므로 잔인한 장면은 줄여주는 게 좋지 않겠어요? 물론 죽는 장면이 아주 안 나오면 좋겠지만, 아무리 어린이용 영화라고 그렇게 빽빽하게 굴 필요는 없을 겁니다. 애들 영화라고 「보물섬 1882」을 각색하면서 그 소설의 살인을 모조리 빼버린다면 이상해지겠지요? 살인이 일어났다는 것을 이야기해주고 다양한 방법으로 장면 자체를 가리는 법도 있겠지만, 주인공과 악당의 일대일 대결 장면에서는 그런 것도 못합니다.

두 번째 이유는, 높은 곳에서 떨어지는 것은 사고로 처리하기가 쉽다는 것입니다. 사실 영화를 보면 대부분의 추락 장면은 살인이 아닙니다. 주인공은 결코 악당을 직접 죽이지 않아요. 대부분 욕심이나 사악함이 지나친 악당이 자기 무덤을 판 결과지요.

아무리 상대방이 악당이라고 해도 주인공을 살인자로 만들 수는 없습니다. 그렇다고 권선징악의 힘을 낮출 수도 없고요. '악당이 잡혀서 무기 징역을 선고받았다'로는 아무도 만족할 수 없을 겁니다. 악당은 죽어야 해요.

'추락하는 악마' 클리셰는 살인 없이 권선징악을 실행할 수 있는 가장 쉬운 방법입니다. '악당들은 떨어뜨려 죽여야 한다'라는 회사 규칙이 있는 건 아니랍니다.

77

침대의 시체

고전 클리셰입니다. 설정은 자세히 설명할 필요도 없습니다. 아침에 일어나 보니 옆에 시체가 하나 있더라는 거죠. 섹스의 쾌락과 죽음의 공포가 아주 자연스럽게 한 자리에서 만나는 것입니다.

우선 시체를 발견한 사람이 주인공일 때가 있습니다. 일어나 보니 어제 원나잇 스탠드를 한 사람이 죽어 있고 그동안 무슨 일이 일어났는지 전혀 기억이 나지 않습니다. 술을 진탕 퍼마셨을 수도 있고 기절했을 수도 있고 약물에 중독되었을 수도 있지요. 순식간에 살인 누명을 쓴 주인공은 경찰을 피해 다니며 진범을 찾으러 돌아다닙니다. 물론 아주 운이 나쁘면 그 자신이 범인이라는 걸 밝혀낼 수도 있습니다.

시체 옆에서 깨어난 사람이 주인공이 아닐 수도 있습니다. 이럴 경우 당사자는 대부분 돈과 파워가 막강한 나이 든 남자입니다. 정치가일 경우가 가장 크겠죠. 이렇게 되면 사인과 진상은 다양해집니다. 죽은 사람은 그냥 자연사했을 수도 있습니다. 하지만 정치가의 경우라면 그래서도 곤란하죠. 에드윈 에드워즈*의 유명한 농담이 있지 않습니까? 바로 그중 하나가 실현되는 순간입니다. 이 경우 그 남자가 진범일 경우가 더 많지만, 아닐 수도 있습니다. 하지만 아주 시니컬한 작품이 아닌 이상 대부분 그는 영화가 끝날 무렵 몰락하게 됩니다.

다양한 변주와 친척들이 있습니다. 우선 시체가 원나잇 스탠드 상대나 성매매 직업 종사자가 아닌, 오래된 애인이나 배우자인 경우입니다. 이 경우는 주인공의 정신적 충격이 훨씬 크겠죠. 히치콕의 〈39계단 The 39 Steps, 1935〉처럼 조금 온건한 버전도 있습니다. 이 경우 주인공은 신사라서 살해당한 낯선 사람과 동침하지 않습니다. 초자연 현상과 연결되는 경우도 있습니다. 특히 뱀파이어물이 그렇죠. 그 낯선 사람들이 살해당하는 동안 주인공이 깨어있는 상태에서 그 광경을 목격했을 수도 있습니다. 낯선 사람이 주인공이 나간 뒤에 살해당하는 경우도 많은데, 007 영화에 출연한 운 나쁜 여자들이 그렇습니다.

* 다양한 스캔들로 악명 높은 미국의 정치인. 여러 번 재임에 성공하며 총 16년간 루이지애나 주지사를 역임했다.

"이번 선거에서 패배하는 유일한 방법은
내가 죽은 소녀 혹은 살아있는 소년과 함께
침대에서 체포되는 것이다."

– 에드윈 에드워즈

"

제국의 스톰트루퍼만이
이렇게 정확하게 사격하지.

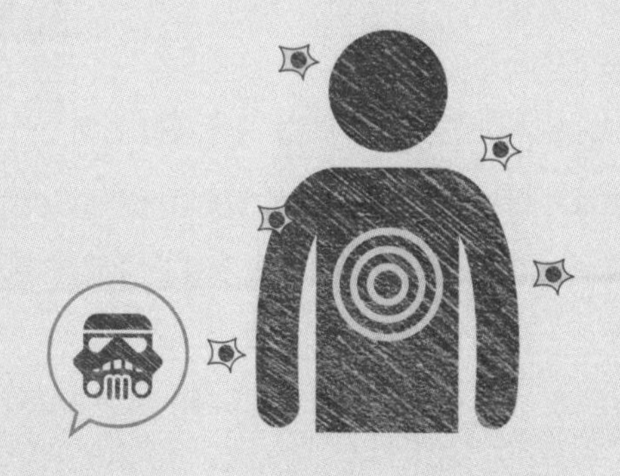

오비완 캐노비 〈스타워즈 에피소드 4 Star Wars : Episode IV - A New Hope, 1977〉

78

카산드라 신화

외계인이 지구를 침략하려고 합니다! 수 세기 동안 휴화산이었던 뒷산이 폭발하려 합니다! 존경받는 시장이 악마의 앞잡이입니다! 다행히도 우리의 주인공은 이 모든 끔찍한 비밀을 알고 있습니다. 그러나… 젠장, 왜 아무도 안 믿는 거죠?

할리우드 호러나 액션 영화에 등장하는 캐릭터들은 대충 두 종류의 사람들로 나누어져 있는 듯합니다. 뭐든지 믿는 사람들과 아무것도 안 믿는 사람들. 현실 세계와는 달리 할리우드 영화는 뭐든지 믿는 사람들에게 유리합니다. 현실 세계 사람들이 가지고 있는 회의론은 할리우드에서 먹히지 않지요. 결국 주인공의 경고를 무시한 사람들은 끔찍한 피해를 입게 됩니다.

왜 이런 카산드라* 이야기들이 이리 많은 것일까요? 다음과 같은 이유들을 들 수 있습니다.

1. 원래 할리우드 호러나 액션 장르는 비정상적이고 예외적인 상황들을 많이 다룹니다. 당연히 현실 세계의 상식은 여기에 맞지 않죠. 하지만 영화 속의 캐릭터들은 여전히 그런 상식을 따라 행동하고 있으니 주인공의 괴상한 주장은 무시되는 게 당연하죠.
2. 이런 식의 카산드라 이야기는 주인공을 돋보이게 하는 데도 큰 힘이 됩니다. 〈단테스 피크 Dante's Peak, 1997〉에서 피어스 브로스넌은 사태를 제대로 예언한 유일한 사람이기 때문에 주인공이 될 자격이 있는 사람입니다.
3. 아무도 주인공을 믿지 않으니 주인공은 뭐든지 혼자 해결해야 합니다. 결국 할 일이 많아지고 긴장감이 발생하죠.
4. 대리 충족을 느낄 수 있습니다. 대부분의 관객들은 살아오면서 한 번 이상 카산드라였던 경험이 있습니다. 이런 관객들은 영화 속의 카산드라들이 무시되다가 정작 사고가 터지면 쾌감을 느끼죠. 다들 속으로 이렇게 외칠 겁니다. "것 봐라, 바보들아!"

* 그리스 신화에 등장하는 여성으로 미래를 예견하는 능력을 가졌지만, 저주 때문에 아무도 그녀의 말을 믿어주지 않았다.

카산드라 클리셰는 다른 클리셰들을 양산하기도 합니다. 카산드라의 말을 듣지 않는 바보들의 이름들은 할리우드 살생부에 기재됩니다. '분명히 저기 있었는데!'(107쪽) 클리셰 역시 카산드라의 존재 없이는 나올 수 없고요.

"대피령을 내리라고? 정신 나갔군."

– 미국 부통령 〈투모로우 The Day After Tomorrow, 2004〉

79

커플 위장 탈출법

클리셰 중의 클리셰입니다. 지금 와서는 진지하게 쓰일 수 없는 클리셰죠. 하긴 그런데도 쓰는 사람들이 있습니다. 아직 아이디어가 넘쳐나는 사람들이거나 자기네들이 진부한지 모르는 사람들이죠.

다음과 같습니다. 악당들에게 쫓기는 남자가 있습니다. 큰 거리로 뛰어나온 그는 악당들을 속이기 위해 근처를 지나가고 있던 아무 여자를 잡아 갑자기 그 여자를 끌어안고 키스합니다. 악당들은 이 급조된 커플을 지나치고 남자는 위기에서 벗어납니다. 물론 여기에도 변주는 있습니다. 쫓기는 쪽이 여자일 수도 있고 두 사람 모두일 수도 있고 둘이 처음 만났을 수도 있고 원래부터 아는 사이일 수도 있지요.

이 설정이 한동안 인기가 있었던 건 강한 육체적인 서스펜스에 로맨스나 섹스를 추가할 수 있었기 때문입니다. 악당에게 쫓기느라 여자 만날 기회가 없었던 남자 주인공에게 여자 파트너를 붙여주는 핑계가 될 수 있고요. 물론 이는 일방적인 성추행으로 연결될 수도 있지만, 대부분은 로맨스로 흘러갑니다.

이 설정은 우리나라에선 진지하게 쓰일 수가 없습니다. 파리라면 모를까, 길가에서 포옹하고 키스하는 연인들은 눈에 굉장히 뜨이거든요. 위장의 기능을 못 하는 겁니다. 아직 때가 무르익지 않았는데도 설정 자체가 워낙 유명하다 보니 코미디에서밖에 사용될 수 없지요. 〈거침없이 하이킥 2006-2007〉에서는 유미와 민용이 달아나는 장면에서 이를 꽤 정공법으로 다루었지만 그 프로그램이 처음부터 시트콤이 아니었다면 차마 민망해서 그럴 수가 없었을 거예요.

나타샤 : "내게 키스해."
스티브 : "뭐?"

–〈캡틴 아메리카: 윈터 솔져 Captain America: The Winter Soldier, 2014〉

80

코믹한 음악

대한민국 영화 음악계에는 두 가지 치명적인 미신이 있으니, 그 중 하나는 영화 음악 작곡가가 자신이 코믹한 음악을 쓸 수 있다고 믿는 것이고, 다른 하나는 영화감독이 자신의 시시껄렁한 코미디 장면을 코믹한 음악을 이용해 구원할 수 있다고 믿는 것입니다. 이 미신들이 아직까지도 남아 여전히 영향력을 행사하고 있다는 건 놀라운 일입니다. 이건 너무나도 단순한 착각이라 교통 법규 수준의 간단한 암기 교육만으로도 충분히 타도될 수 있기 때문입니다. 아니, 그것보다도 더 간단합니다. 그냥 안 쓰면 되니까요.

그럼에도 불구하고 이들이 여전히 쓰이는 것은, 순전히 게으름과 나태함 때문입니다. 촬영과 편집이 완결되었을 때 신의 강화를 위해 사용할 수 있는 것은 영화 음악뿐입니다. 쓰고 싶은 게 당연하죠.

하지만 이런 것들은 대부분 먹히지 않습니다. 왜냐고요? 코미디는 섬세한 것이기 때문입니다. 멜로드라마나 서스펜스물은 음악으로 충분히 강화될 수 있습니다. 관객들은 그런 감정이 외부에서 강요되어도 특별한 거부감을 느끼지 않으니까요. (이것도 정도의 문제이긴 합니다. 최근 한국 드라마의 OST에 삽입되는 삽입곡 상당수는 감정을 고양시키기보다는 한국 드라마의 전형성을 강조하는 용도로 사용되는 것 같고 의도와 상관없이 코믹합니다) 하지만 코미디의 경우 관객들은 그 감정의 주체가 되길 바랍니다. 결코 영화나 드라마가 '이 장면은 웃겨요!'라고 선언해서는 안 돼요. 그것은 코미디언이 자기 농담에 먼저 웃어버리는 것과 같습니다. 그 때문에 텔레비전 코미디에서 웃음 트랙이 발명된 것이죠. 웃음 트랙은 배경 음악의 강요와 비슷한 효과를 내지만 작정하고 강요한다는 느낌을 교활하게 지워버릴 수 있습니다.

소위 걸작 코미디들을 집중적으로 연구해보세요. 코믹한 장면에 코믹한 음악을 쓰는 영화는 예상외로 많지 않습니다. 〈뜨거운 것이 좋아 Some Like It Hot, 1959〉의 마지막 장면을 볼까요? 잭 레몬과 조 E. 브라운이 그 말도 안 되는 마지막 농담을 주고받을 때, 아돌프 도이치의 음악은 시치미 뚝 떼고 심각한 톤을 유지합니다. 조 E. 브라운이 유명한 마지막 라인을 던지는 순간 그들의 테마인 [La Cumparsita]가 결말을 때리긴 하지만, 이 역시 따로 보면 결코 코믹한 음악이라고 할 수 없죠. 우리가 이 음악을 웃기다고 생각하는 것은 이전에 나왔던 두 사람의 탱고 장면이 아직도 기억에 남아있고 갑작스러운 음악의 변화가 대조 효과를 내기 때문입니다.

그렇다고 코믹한 음악이 불가능하다는 건 아닙니다. 헨리 맨시니가 작곡한 〈핑크 팬더 The Pink Panther, 1963〉의 주제 음악은 시작부터 코미디 음악을 의도한 작품이지요. 하지만 보세요. 이 음악은 결코 노골적으로 관객들을 자극하지 않습니다. 늘 익살스럽게 미소를 짓고 있지만 시작할 때부터 끝날 때까지 침착하고 일정한 페이스를 유지하고 있어요. 웃을 곳을 가르쳐 주지도 않고 먼저 웃지도 않아요.

분위기를 맞추는 것이 얼마나 힘든지를 보려면 〈바람의 화원 2008〉 8회의 얼굴 개그 신을 보면 됩니다. 이 장면은 코미디로서 괜찮습니다. 대단한 창의성이 투여된 건 아니지만 좋은 코미디를 만들어내고 있지요. 하지만 이 장면에 사용된 '밝고' '귀여운' [생도청의 아침] 음악은 그 장면의 매력을 반쯤 발로 밟아 죽여버립니다. 전에도 말했지만 [생도청의 아침]은 최악의 영화 음악입니다. 멜로디와 리듬이 너무나도 명백해서 음악이 시작되자마자 장면을 정의해버리기 때문입니다. 그리고 그 정의의 범위가 극악스러울 정도로 좁지요. 이런 음악은 그냥 쓰면 안 됩니다. 진공 처리를 하는 게 최선이고 정 대사가 없는 게 서운하다면 리듬만 간단히 살려주면 됩니다. 볼륨을 줄이고 플라스틱 자로 리듬에 맞추어 책상을 두들겨도 저것보다는 낫지요. 의심나면 한 번 실험해 보세요.

사실 우리나라에서도 성공한 코미디 음악의 예가 소수이지만 있습니다. 이병우가 작곡한 봉준호의 〈괴물 2006〉이 그렇지요. 제 생각엔 이 영화의 주제곡이 성공적인 이유는 장르가 공식적으로 코미디에 속해 있지 않기 때문일 겁니다. 그럼에도 불구하고 이 뒤뚱거리는 음악이 돌연변이 괴물과 그 괴물에 맞서 싸운 투박하고 어설픈 가족의 모습과 절묘한 싱크를 이루기 때문에 단순한 강요 이상의 효과를 내는 것이죠. 코미디 음악이 성공적이려면 거리 두기는 필수적입니다.

그렇다면 노골적인 코미디 음악이 성공하는 것은 불가능한 것일까요? 아뇨, 꼭 그렇지 않아요. 대표적인 예로 워너 브라더스 단편 애니메이션의 음악을 맡았던 칼 스털링이라는 거장이 있지요. 그가 음악을 작곡한 〈래빗 파이어 Rabbit Fire, 1951〉를 유튜브에서 찾아보세요. 하지만 이 역시 보기보다는 단순하지 않습니다. 우선 스털링은 처음부터 끝까지 익살로만 일관하지 않아요. 진지한 음악을 과장하기도 하고, 개별 장면의 표면적인 의미에는 딱 맞지만 전체적으로는 부조화를 이루는 음악을 넣기도 하며, 액션 장면에서는 순수한 속도와 에너지에 집중하기도 합니다. 스털링은 결코 게으르지 않으며 한가지 자극만을 끝까지 밀고 가지 않습니다. 스털링의 음악은 그 단편의 주인공 벅스 버니만큼이나 바쁘고 교활합니다. 그리고 바로 이 방법만이 노골적인 코미디 음악이 성공할 수 있는 유일한 방법입니다. 그냥 코믹한 분위기와 효과만을 기계적으로 읊는 음악은 농담 도중 '나 웃기지!'를 무한 반복하는 것과 같습니다. 웃기지 않으면 거짓말이고 웃기면 불필요하죠.

교훈은 간단합니다. 맨시니나 스털링처럼 될 수 없다면 그냥 하지 않는 겁니다. 그것만으로도 수많은 영화들이 구조 받을 수 있지요.

81

쿨가이는 폭발을 보지 않는다

보통 액션물에서 특정 액션 장면을 마무리 짓는 에필로그로 사용됩니다. 결의에 찬 표정으로 주인공이 카메라를 향해 걸어오는데, 배경은 엄청난 화재거나 폭발인 것이죠. 이런 경우 주인공은 대부분 터프한 근육질의 남자이고, 그 화재나 폭발은 그 자신이 일으킨 것일 가능성이 크고, 아마 안에서 방금 죽인 악당이 불타고 있겠지요. 음악은 대부분 장엄하며 슬로우 모션으로 처리되어 있을 가능성도 큽니다. 가장 최근에 전 〈엑스맨 탄생: 울버린 X-Men Origins: Wolverine, 2009〉에서 봤습니다.

이런 설정은 사실적이지 않습니다. 만약 주인공의 바로 뒤에서 엄청난 폭발이 일어난다면 그는 그 폭발의 영향을 받기 마련입니다. 앞으로 넘어지거나 등에 화상을 입거나 심한 경우 날아오는 물건에 맞아 부상을 입을 수도 있겠죠. 배경 그림이 될 만한 거대한 화재인 경우도 마찬가지죠. 이런 것들은 가까이 있는 사람들에게 영향을 끼칩니다. 머리가 제대로 돌아가는 사람들이라면 그 영향에서 벗어나기 위해 달리거나 피할 겁니다. 그게 상식적인 행동이죠.

하지만 액션 영화 주인공들은 상식에 신경 쓰지 않습니다. 사실 상식에 반한다는 것이 이 클리셰의 핵심이죠. 우리의 주인공은 너무나도 터프하고 결의에 차 있기 때문에 이런 위험 따위엔 관심이 없습니다. 그렇기 때문에 그는 우리와 같은 보통 관객들에게 '쿨'해보입니다. 이런 장면의 주인공이 악당인 경우에는 조금 의미가 다릅니다. 이 경우, 그는 뒤에서 불타고 죽어가는 사람들에 어떤 동정심도 느끼지 않는 잔인무도한 인물입니다. 종종 불꽃 배경은 로맨스 영화에도 사용되는데, 그 경우 화재는 비교적 멀리 떨어진 곳에서 일어납니다.

정통적인 불꽃 배경은 비교적 최근에 보편화된 클리셰입니다. 클래식 할리우드 시대의 정통 주인공들은 이렇게 무례하거나 매정하지는 않았죠. 정통적인 남자 주인공의 틀에서 벗어난 배드 보이들이 액션 영화의 주인공 역할을 장악하기 시작한 60년대 이후에 이런 유행이 본격적으로 시작되었다고 보는 게 맞습니다. 그런 배드 보이들이 특이할 것이 없는 지금 이런 장면들은 많이 지겹죠.

"쿨가이는 폭발을 보지 않아
화염은 뜨겁지만, 그의 마음은 차가워
따분한 폭발을 뒤로하며
자신이 죽인 사람 따위는 생각하지 않지."

– The Lonely Island [Cool Guys Don't Look at Explosions 2009]

82

클랙슨 진혼곡

교통사고를 묘사하는 가장 흔해 빠진 트릭입니다. 자동차가 충돌하고 멈추면 운전석에 타고 있던 사람의 몸이 앞으로 쓰러져 클랙슨이 울리는 거죠. 일단 울리기 시작한 클랙슨 소리는 마치 “여기 사람이 죽었어요!”라고 외치는 것처럼 그 장면이 끝날 때까지 계속 이어집니다.

클랙슨 진혼곡이 애호되는 이유는 무엇일까요? 몇 가지가 있습니다.

일단 침묵과 소음, 운동과 정지의 대위법이 기가 막힙니다. 자동차 사고라는 동적인 사건이 일어난 뒤 필연적으로 이어지는 정지와 침묵 속에서 단음의 클랙슨 소리가 울리는 거죠. 시청각 매체인 영화에서 이 장치는 무척 매혹적입니다.

다른 이유는 의미에 있습니다. 교통사고는 기본적으로 죽음과 기계가 연결되어 있습니다. 이 설정의 일차적인 의미는 기계에 의해 사람이 죽는다는 것입니다. 클랙슨 진혼곡은 이 둘의 연결을 보다 시적으로 뒤섞습니다. 자동차는 사람을 죽였지만 사람에 의해 그 자신도 죽습니다. 자동차의 클랙슨을 울리는 건 보통 살아있는 사람이 작동되는 자동차를 통해 하는 행동이지만 여기서는 사람과 자동차가 죽은 결과입니다. 그리고 이 모든 행위는 간단한 변수만이 존재하는 기계적인 움직임에 의해 이루어집니다.

클랙슨 장송곡에는 좀 섬뜩한 구석이 있습니다. 어떻게 보면 초현실적인 요소들이 제거된 유령의 노래와도 같죠. 우리가 사는 기계 세계에서는 죽음 다음에 침묵이 찾아오는 것도 당연한 게 아닌 겁니다.

83

클리프행어

절벽에 매달린 사람이라는 뜻이지만, 물론 정말 그런 뜻으로만 쓰이는 것은 아닙니다. '대충 아슬아슬한 위기 상황에서 끝나는 결말'이라고 말하면 될 것 같아요. 이미 '위기일발!'(176쪽)에서 반쯤 설명도 해놨으니 여기서는 두 번 반복하지 않겠습니다.

'클리프행어'는 전적으로 연재물의 트릭입니다. 영화와는 달리, 연재물은 계속 시청자들이나 관객, 독자들을 다음 시리즈까지 끌어들여야 하므로 일종의 미끼가 필요하지요. 위기일발의 상황을 만들어놓고 다음 편에서 해결하는 방식은 그중 가장 손쉬운 방법입니다.

'클리프행어'의 개념은 특히 시즌이 분명한 미국 텔레비전에서 더 중요시됩니다. 봄부터 가을까지 길게 이어지는 시즌의 공백이 상당히 길므로 어떻게든 굉장한 미끼를 걸지 않으면 안 되거든요. 20회 안팎의 긴 호흡의 이야기를 하는 한국 드라마에서는 이런 식의 계획이 별 의미가 없습니다. 대신 매 편마다 작은 클리프행어를 던져야 하는데, 최근에 이걸 가장 잘 한 드라마는 〈SKY 캐슬 2018-2019〉이었던 것 같습니다. 거의 모든 에피소드가 아주 효과적인 클리프행어로 끝나서 시청자들은 전개가 맘에 들지 않아도 다음 회를 볼 수밖에 없었죠.

문제는 '클리프행어'라는 트릭이, 그 자체만으로는 시청자들의 기대를 만족시킬 수 없을 정도로 모두에게 익숙해졌다는 데 있습니다. 사실 그렇잖아요? 자, 스컬리는 지금까지 자기가 멀더라고 생각했던 사람이 사실은 변신 외계인이라는 걸 알았습니다. 그건 정말 굉장한 결말입니다. 하지만 다음 편에서 그 신의 해결은 어쩔 수 없이 빨리 끝나버릴 수밖에 없습니다. 그래야 다음 액션으로 이어지거든요. 그 신을 클라이맥스로 만들면 그 에피소드의 균형이 잡히지 않죠. 이런 건 영화에서도 마찬가지입니다. 〈제국의 역습 Star Wars: Episode V - The Empire Strikes Back, 1980〉은 한 솔로가 자바 더 헛의 장식물이 되면서 끝납니다. 관객들은 당연히 한 솔로 구출 작전을 몇 년 동안 기다릴 수밖에 없죠. 하지만 정작 기다리고 기다리던 구출 작전은 〈제다이의 귀환 Star Wars: Episode VI - Return of the Jedi, 1983〉의 본 액션이 시작되기도 전에 잽싸게 끝나버립니다. 당연한 것이지만 왠지 속은 것 같다는 생각이 들지 않을 수 없어요.

게다가 몇 개월의 갭이 지나는 동안 시청자들이 전편의 액션을 다 까먹을 수도 있습니다. 시청자들을 다음 시즌까지 끌어들이는 데엔 성공했을지 몰라도 정작 작품 자체를 제대로 감상하는 데엔 문제가 많지요. 다행히도 요새는 넷플릭스와 같은 OTT 서비스가 생겨서 일부는 복습이 손쉬워졌지만요.

클리프행어는 손쉽게 극적인 결말을 만들 수 있지만 바로 그 손쉽다는 이유 때문에 후반부의 맥을 빼놓을 가능성이 높습니다. 다시 말해 쉽게 진부해지지요. 이 트릭이 클리셰 사전에 올라온 것도 그 때문입니다.

"내년 크리스마스에 계속됩니다."

– 국내 상영 당시 마지막 자막

〈반지의 제왕: 반지원정대 The Lord of the Rings: The Fellowship of the Ring, 2001〉

84

파리 어딜 가도 에펠탑은 보인다

'여기는 파리!'라는 정보를 영화 속에서 가장 쉽게 제공하는 방법은 무엇일까요? 가장 흔히 볼 수 있는 것은 이런 걸 겁니다. 아코디언이 프랑스풍의 감상적인 멜로디를 배경 음악으로 연주하는 동안 창밖을 내다보면 에펠탑이 보이는 거죠.

그래서 파리를 무대로 한 영화의 절반 이상은 에펠탑 주변에서 찍은 것 같다는 인상을 줍니다. 사실 그 사람들은 정말로 공을 들여 그런 걸 하지도 않죠. 창밖에 에펠탑의 확대 사진을 걸어두었을 뿐이니까요.

진부하고 뻔하고 괴상하다고 놀려대지만 다른 방법이 있을까요? 물론 파리를 상징하는 다른 것들도 있습니다. 개선문 역시 에펠탑만큼이나 중요한 파리의 상징물이죠. 하지만 개선문은 에펠탑만큼 높지 않습니다. 그걸 찍으려면 정말로 개선문 근처에 가야 하죠. 적어도 촬영 기사는요.

에펠탑은 그럴 필요가 없죠. 그냥 높은 탑이니까요. 어디서 보여도 별문제가 없습니다. 전 이 글에 '파리 어딜 가도 에펠탑은 보인다'라는 제목을 붙였는데, 사실 이 탑은 실제로 파리 많은 곳에서 꽤 잘 보입니다. 런던의 빅 벤, 뉴욕의 자유의 여신상도 마찬가지의 지물 활용법의 희생자가 되죠.

하지만 아무리 편해도 한두 번이죠. 자꾸 보면 질립니다. 어떻게 하면 이런 활용법의 진부함을 탈피할 수 있을까요?

히치콕은 이런 지형을 적극적으로 플롯에 도입하는 장기가 있었습니다. 네덜란드가 주 무대인 〈해외특파원 Foreign Correspondent, 1940〉에서는 풍차가 납치범들의 아지트로 사용되고, 〈북북서로 진로를 돌려라 North by Northwest, 1959〉의 클라이맥스를 러시모어 산이 장식하는 것 따위 말이에요. 이들은 모두 훌륭한 장면들이긴 합니다만 계속 쓰기는 좀 그렇습니다. 여전히 관객들의 고정관념을 그대로 따르고 있거든요.

진짜 모습을 보여주는 건 어떨까요? 루이 말의 〈지하철의 소녀 Zazie dans le métro, 1960〉에서 루이 말은 에펠탑을 흉물스러운 철괴물처럼 묘사하는데, 그건 지금까지 나온 어떤 에펠탑 영화보다도 인상적이었습니다. 자크 타티의 〈플레이타임 Playtime, 1967〉에서는 파리를 거대한 유리 건물이 우글거리는 최첨단 도시로 그리면서 유리에 반사된 그림자로 살짝 에펠탑의 이미지를 흘리는데, 굉장히 효과적이었습니다.

그것도 귀찮다면? 뭐, 그럼 그냥 자막이나 대사로 여기가 파리(또는 런던이거나 뉴욕)라고 알리면 되겠죠. 꼭 신경 써야 할 일은 아닐 겁니다. 오히려 너무 꾸미면 억지가 될 수도 있을 테니까요.

”

대피령을 내리라고?

정신 나갔군.

주인공의 경고를 외면하는 책임자들

85

프라이팬 무기

대충 낡아빠진 무성 영화 장면을 하나 생각하세요. 여자 주인공이 홀로 앉아 있는데 덩치 큰 악당이 여자 주인공을 추근거리기 시작합니다. 그때 남자 주인공이 짠하고 나타나서 악당과 싸우기 시작해요. 하지만 악당이 생각보다 힘이 세서 남자 주인공은 그만 악당 밑에 깔리고 말죠. 그러다 갑자기 꽝! 하는 소리가 나고 덩치 큰 악당은 픽 쓰러집니다. 뒤에서 여자 주인공이 프라이팬으로 악당 머리를 후려갈겼던 거죠.

세부 사항은 조금씩 다릅니다. 예를 들어 〈라푼젤 Tangled, 2010〉에서 라푼젤이 쓰러트린 남자는 악당이 아니라 남자 주인공이죠. 뒤가 아니라 문 뒤나 복도에 숨어 있다가 공격하기도 하죠. 만화인 경우는 얼굴 정면을 때려 프라이팬에 요철이 생기기도 합니다. 하지만 기본 아이디어는 같습니다. 여자 주인공이 방심한 악당을 프라이팬으로 내려치는 거예요.

왜 프라이팬이고, 왜 꼭 뒤통수일까요?

우선 실용적인 이유가 있습니다. 프라이팬은 부엌에 있는 물건 중 가장 쉽게 무기로 선택할 수 있는 물건입니다. 다루기 쉬운 손잡이가 달린 묵직한 둔기지요. 악당에게 솥 같은 걸 집어 던지는 것보다는 프라이팬을 휘두르는 게 더 쉽습니다. 식칼이 있지 않냐고요? 하지만 우리의 주인공은 악당에게도 그렇게 심한 짓은 하지 않습니다.

왜 뒤통수일까요? 그거야 아무리 프라이팬으로 무장했다고 해도 덩치 큰 악당과 정면으로 대결하는 건 무리니까요. 물론 뒤통수를 치는 일을 정당화하기 위해서는 그런 일을 허용할 만큼 절박한 일이 앞에서 벌어지고 있어야 합니다.

이 당연한 상황에는 몇몇 미묘한 의미가 숨어 있습니다. 프라이팬은 부엌에 속해 있으므로 여성의 무기입니다. 이건 주인공이 이런 폭력적인 상황에서도 여성성을 잃지 않는다는 걸 말하고 있죠.

조금 심하게 말하자면 이건 일종의 변명입니다. 여자 주인공에게 어쩔 수 없이 남성적인 폭력을 허용하면서 그게 그렇게까지 남성들에게 위협적인 것이 아니라고 안심을 시키는 것이죠.

86

할리우드 살생부

과연 어떤 사람들이 죽고 어떤 사람들이 살아남을까요? 평범한 장르 영화에서는 이런 것처럼 예측하기 쉬운 것은 없습니다. 특히 공포 영화같이 고도로 규격화된 장르일수록 그렇죠.

왜일까요? 이유야 많겠지만 대충 두 가지가 떠오르는군요. 하나는 관객의 정서적 만족도입니다. 만약 영화가 관객들이 전혀 관심 없어 하거나 정반대로 아주 좋아하는 인물을 죽인다면 관객들은 그 죽음에 신경도 쓰지 않거나 반대로 매우 불편해하거나 할 겁니다. 그렇다면 관객들이 충분히 관심을 가지면서도 캐릭터의 소모성에 큰 이의를 제기하지 않는 범위를 찾아야 하는데, 그 범위가 그렇게 넓은 편이 아닙니다. 고로 반복할 수밖에 없고 그 결과 클리셰가 되는 거죠.

다른 하나는 실용성입니다. 할리우드 살생부에 이름이 적힌 불운한 사람들 중 많은 수가 플롯 진행의 최단 거리를 이어주는 캐릭터들입니다. 이런 캐릭터들이 죽으면 스토리에 힘이 붙고 또 전개도 손쉬워집니다. 이 경우도 범위가 그렇게 넓지 않으므로 안이하게 다루면 클리셰가 되죠.

대충 구체적인 예를 들어보며 이야기를 계속해보기로 합시다.

1. 죽는 사람들

친구

많은 액션 영화에서 이 클리셰를 쓰고 있습니다. (〈위트니스 Witness, 1985〉, 〈블랙 레인 Black Rain, 1989〉…) 주인공의 친구를 죽이면 일단 실용적인 이득이 많습니다. 어느 정도 호감이 가는 인물이면서도 소모성이 예상되므로 극적 전환을 주면서도 관객들을 크게 불안하게 하지 않게 만들 수 있습니다. 게다가 친구가 죽으면 복수라는 동기가 붙으므로 주인공의 폭력을 강화시킬 수 있습니다. 폭력이 강화되면 그만큼 관객들의 카타르시스가 증대되므로 결과적으로 친구의 죽음은 후반부의 카타르시스를 위한 사전 준비인 것입니다.

개심한 악당

개심한 악당들 역시 위태롭습니다. 이 역시 관객들의 괴상한 도덕률에 따른 것입니다. 관객들은 그 캐릭터들이 살아남아서 감옥에 가는 것을 그 자리에서 죽는 것보다 더 큰 벌로 여기기 때문입니다!

소모성 미녀

성과 폭력이 결합하면 이 서글픈 기성품 희생자들이 생산됩니다. 〈스크림 Scream, 1996〉의 주인공 시드니가 초반부에 언급한 적 있는 '현관으로 도망치면 될 텐데 2층으로 올라가는 가슴 큰 여자들'은 그 대표적인 예입니다. 이유는? 사디즘과 위선적인 도덕률이 결합되어 있습니다. 일단 관객들의 성적 호기심/만족을 충족시키는 임무를 완수한 이 소모품들은 바로 그런 헤픈 태도 때문에 죽어도 싸거나 또는 죽어야 하는 것입니다. 관객들의 이런 생각은 종종 그 영화 속의 미치광이 살인마의 동기와 완벽하게 일치하는 것입니다.

괜히 남자 앞에 뛰어들어 대신 총 맞아 죽는 바보 같은 여자

참 싫은 부류입니다. 도대체 뇌를 어디에 두었길래 저런 쓸데없는 희생을 하는 걸까요? 이들의 존재 이유는 너절한 로맨티시즘입니다.

제임스 본드와 섹스한 여자

섹스와 죽음을 아주 게으르게 엮은, 제가 정말 싫어하는 클리셰인데, 의외로 다니엘 크레이그 주연 본드 영화에서 더 늘어나고 있는 것 같습니다. 제임스 본드 영화에 대한 선입견을 적극적으로 받아들이고 있는 게 아닌가 싶고요. 이 경향은 다른 스파이물에서도 흔한데, 시드니 폴락은 〈코드네임 콘돌 Three Days of the Condor, 1975〉을 각색할 때 주인공과 섹스한 여자 주인공을 죽이는 원작의 내용을 바꾸었습니다. 전 영화 쪽 선택이 훨씬 좋은 거 같아요.

불신자

"해왕성에서 온 벌레 눈을 한 괴물? 그런 게 와서 레이저 총으로 지구를 정복하려고 든단 말이지? 얘야, 어른을 놀리면 못쓴다…" 영화 속에서 이런 말을 하는 것은 자기 사형 집행장에 서명하는 것과 다름없습니다. SF 공포 영화에서 불신자가 되는 것은 살인보다 끔찍한 죄악입니다. 그 벌로 이 친구들은 대부분 외계인들의 레이저 총을 맞고 바베큐가 되거나 괴물들의 점심식사가 되기 마련이죠.

바보

넓게 보면 불신자들도 포함됩니다. 하지만 대충 보기에도 '넌 죽을 거야'라는 생각이 드는 바보들이 있습니다. 〈잃어버린 세계

The Lost World: Jurassic Park, 1997〉의 카터가 대표적인 예죠. 고의는 아니더라도 실수로 다른 사람들을 위태롭게 만드는 사람들은 악당보다 더 짜증이 나기 마련입니다.

액션의 방해물

필요 없는 사람들은 쉽게 제거됩니다. 대표적인 예가 〈볼케이노 Volcano, 1997〉의 레이첼이죠. 레이첼이 죽는 이유는 토미 리 존스와 앤 헤이시의 캐릭터만으로 액션이 충분하기 때문입니다. 일종의 재고 정리라고 할 수 있죠. 레이첼이 살아남았다면 각본가는 별 도움도 안 되는 이 캐릭터에게 대사를 붙여주느라 애를 먹었을 겁니다.

삼각관계 정리

액션 영화에서 삼각관계의 구석에 위치한 캐릭터들은 위태롭습니다. 이를 정리하기 위해 작가들은 종종 그들을 희생시키기 때문입니다.

부수적 악당

영화의 안타고니스트*가 아니라고 하더라도 악당으로 나오면

* 극의 주인공(프로타고니스트)에 대척점에 있는 경쟁자, 적대자를 일컫는 용어.

죽을 가능성이 높습니다. 〈에일리언 2 Aliens, 1986〉, 〈타워링 The Towering Inferno, 1974〉… 끝도 없습니다.

비백인 캐릭터

지금은 많이 개선되고 있습니다. 아무래도 수십 년 동안 인종차별적이라는 말을 들어왔으니까요. 하지만 전 〈에일리언〉의 프리퀄인 〈프로메테우스 Peurometeuseu, 2012〉 예고편이 나왔을 때 인터넷 게시판에서 사람들이 "저 흑인 남자가 죽을 거야. 흑인은 늘 먼저 죽는다고."라고 말했던 걸 기억합니다. 정말 그 흑인 남자는 죽었어요. 하지만 그 사람은 이드리스 엘바였고 (아직 미국 관객들이 그를 잘 모를 때였습니다) 그의 죽음은 상당히 장엄하게 묘사되었습니다. 그렇다면 이것은 인종차별일까요, 아니면 캐릭터 대부분이 죽을 수밖에 없는 장르에서 어쩔 수 없는 선택이었을까요.

노인네

살날이 얼마 남지 않은 사람들이니 마음 편히 죽이나 봅니다. 〈데이라잇 Daylight, 1996〉, 〈단테스 피크 Dante's Peak, 1997〉 등등을 보세요.

2. 생존자들

개와 아이

이미 '그래도 개는 산다'(34쪽)에서 한 번 다룬 적 있죠? 아이들의 경우에도 그때와 거의 같은 논리를 전개시킬 수 있습니다. 특히 아이들 주변에는 일종의 심리적 마지노선이 그어져 있기 때문에 이 부분은 꽤 조심해서 다루는 게 좋습니다. 종종 이 마지노선을 침투하는 영화들을 볼 수 있는데 그런 영화들도 상당수가 이런 클리셰로부터 관객들이 받는 안전한 느낌을 의식적으로 역이용하고 있습니다. 역시 아주 독창적이라고 할 수 있는 건 아니죠. 영화에서 아이들이 죽는다면 초반일 가능성이 큽니다. 주인공에게 트라우마와 동기를 만들어줄 도구인 것이죠.

시리즈 악당

공포 영화의 인기 있는 괴물들은 잘 안 죽기 마련입니다. 속편의 여지를 마련해주어야 하니까요.

주인공

주인공이 사는 건 당연하지 않냐고요? 그렇긴 합니다. 하지만 예전에는 주인공의 생사가 그렇게까지 분명하지는 않았습니다. 소위 장엄한 죽음이라는 것도 있었지요. 하지만 요새는 주인공의 죽음이 갈수록 부인되고 있습니다. 영화 속의 폭력이 점점 강화되는 현실을 생각하면 뭔가 맞지 않는다는 생각이 들어요. 그 때문에 설정도 점점 엉망이 되고요. 절대로 살아남지 못할 것 같았던 불구덩이에서 멀쩡하게 살아 돌아온 〈미믹 Mimic, 1997〉의 남자 주인공을 보세요.

어릿광대

주인공 주변을 얼쩡거리면서 웃기는 짓을 해대는 사람들 역시 잘 죽지 않습니다. 어릿광대를 죽이면 뒷맛이 불쾌하니까요.

87

험난한 결혼식

〈ER 1994-2009〉 7시즌 후반부에 가면 마크 그린과 엘리자베스 코데이가 드디어 결혼합니다. 하지만 그 사람들 결혼식은 어쩜 그렇게 되는 게 없을까요? 만삭인 신부는 바짝 긴장해서 미칠 지경입니다. 결혼식에 오기로 한 마크의 딸 레이첼은 비행기를 놓쳤고 간신히 탄 다른 비행기는 중간에 악천후 때문에 주저앉았습니다. 결혼식에 가려는 마크는 더 고약한 입장입니다. 불법 주차한 밴이 끌려가 어쩔 수 없이 탄 버스는 중간에 고장을 일으키고요. 그리고 눈치 없이 내리는 사월의 소나기 속에서 이 모든 소동에 말려든 사람들은 흠뻑 젖고 맙니다.

'험난한 결혼식' 공식은 어느 정도 진실을 담고 있습니다. 실제로 결혼식을 태평한 태도로 능숙하게 올리는 사람들은 많지 않죠. 자자 가보처럼 막강한 경험이 없는 사람들은 대부분 바짝 긴장해 있고 긴장한 사람들은 원래 실수도 많이 하는 법입니다. 덕택에 대부분의 결혼식은 자잘한 소동의 연속이고 사람들은 수십 년 동안 그런 것들만 기억하면서 당사자들을 난처하게 만듭니다.

그러나 '험난한 결혼식'은 기능적인 성격이 더 강합니다. 특히 극장용 로맨스 영화보다는 호흡이 긴 시리즈물에 더 유용하지요.

로맨스 영화에서 결혼은 로맨스의 정점입니다. 당연히 아름답고 완벽한 클라이맥스가 되어야지요. 영화는 가장 아름다운 부분만 보여주고 끝을 보면 됩니다.

하지만 〈ER〉과 같은 시리즈는 조금 다릅니다. 결혼식 자체가 하나의 에피소드를 이루어야 하니까요. 그런데 결혼식이란 원래 지루한 법입니다. 재미없는 복장을 한 사람들이 나란히 서서 지루한 설교를 듣는 게 진짜 결혼식의 전부입니다. 이 정도는 부족해요. 뭔가 더 액션이 필요한 겁니다.

하지만 결혼식처럼 공식화된 예식에서 다양한 액션을 뽑아내는 건 쉽지 않습니다. 나오는 게 뻔하니까요. 〈ER〉에서 마크와 엘리자베스가 이미 남들이 다 영화 속에서 한 소동을 모조리 겪었던 것도 그 때문입니다.

88

홀연 나타난 덩치 큰 악당

우리의 용감한 액션 주인공이 열일곱 명의 악당들을 주먹 하나로 거의 다 때려잡았습니다. 그런데 갑자기 주인공의 두 배쯤 되어 보이는 덩치 큰 악당이 나타납니다. 아까까지만 해도 용감하기 짝이 없던 주인공은 새파랗게 겁에 질리고 마는군요! 그는 주변에 있는 모든 무기를 총동원하고 온갖 비겁한 짓도 서슴지 않지만, 여전히 악당은 꿈쩍도 않습니다.

여기서부터 이야기는 대충 둘 중 하나로 정리될 수 있습니다. 우선 결국 주인공은 몸싸움에서 악당에게 지고 두목에게 끌려갑니다. 아니면 주인공은 운이 엄청 좋거나 잔꾀에 성공해서 빠져나옵니다. 첫 번째 경우로 끝나는 경우에도 주인공에게는 이를 만회할 두 번째 기회가 주어지는 경우가 대부분입니다.

왜 이런 액션 장면이 필요할까요. 일단 주인공이 너무 세기만 하면 재미가 없기 때문이죠. 그리고 이런 장면이 등장하면 주인공에게 용감한 남자 주인공의 뻣뻣한 인상에서 벗어날 기회가 주어집니다. 몸도 잘 쓰지만 이런 사태를 극복할 만큼 머리도 잘 돌아간다는 거죠. 결국 탈출에 성공하지 못하는 경우에도 영화에 상당한 양의 유머를 불어넣을 수 있습니다.

여기에 나오는 덩치 큰 악당이 정말로 심각한 위험인물로 등장하는 일은 없습니다. 대부분의 경우, 그는 동화 속의 거인처럼 멍청하고 힘만 센 존재입니다. 심지어 많은 경우 악당이 아닐 수도 있죠. 그는 맞서 싸워야 할 악의 존재가 아니라 현명하게 다스려야 할 자연의 힘입니다.

89

회심의 미소

이상기 감독의 <무방비 도시 2007>가 의도했던 사실주의의 반의반도 도달하지 못했던 이유는 엄청나게 많죠. 전 그중 하나만 언급하기로 하겠습니다. 바로 '회심의 미소'죠.

이 영화에 나오는 소매치기들을 보세요. 그럴싸하게 소매치기 작업을 끝마치고 자리를 빠져나오는데 모두 거창한 회심의 미소를 짓고 있습니다. "와, 난 아까 정말 끝내줬어!"라고 고함이라도 지르는 것 같아요. 진짜 소매치기들이 저런다면 지금쯤 몽땅 감옥에 있겠죠. 소매치기들은 사기꾼과 마찬가지로 안전한 장소에 도착할 때까지는 절대로 포커페이스를 유지해야 하니 말이죠.

서툰 감독들이 무표정함이 당연한 상황에서도 배우들에게

'회심의 미소'를 남발하게 하는 건 뻔한 이유 때문입니다. 관객들에게 그들이 본 것이 얼마나 '쿨하고' 그 작업을 행한 캐릭터가 지금 얼마나 만족스러워하고 있는지 구체적으로 보여주지 않으면 둔한 관객들은 그걸 눈치채지 못할 거라고 믿는 거죠.

물론 그런 건 먹히지 않습니다. 일단 사실성이 떨어져요. 사실성이 떨어지면 흉내처럼 보이고 당연히 감독들이 요구하는 쿨함도 날아가 버립니다. 그들이 쿨하지 않다면 회심의 미소는 처음부터 의미가 없는 거죠. 그와 함께 작품 자체도 한없이 촌스러워지고.

추천사

—— 1980년대까지만 해도 한국 영화는 아예 할리우드 영화보다 한 단계 낮은 세계의 영화이며 외국 영화와 흥행을 직접 겨룬다는 것은 절대 불가능하다는 생각이 어디에나 뿌리 깊게 퍼져 있었다. 그런데 90년대 후반 마법같이 그런 상황이 고작 몇 년 사이에 삽시간에 바뀌어 버렸다. 공교롭게도 그 격변의 시기에 영화평의 세계에도 듀나가 나타났다. 돌아보면 듀나는 그전까지와 완전히 다른 시각을 보여주면서 아예 판을 뒤엎는 듯한 인물이었던 것 같다. 현학적인 예술론 중심의 비평 대신에 관객 입장에서 어떤 영화에 재미와 감동을 느낄 수 있는지 파고들 때가 있었는가 하면, 반대로 다양한 장르의 옛 영화에 대한 해박한 지식을 바탕으로 좁은 영역에 머무르던 비평의 너비를 키우는 역할을 하기도 했다. 때문에 나는 한국 영화의 격변기에 영화 언론의 변천을 보여주는 가장 중요한 평론가가 듀나라고 생각한다. 그리고 오랫동안 너무나 재미있고 즐거운 읽을거리였던 듀나의 클리셰 사전이야말로 양쪽 방향에서 동시에 새로웠던 듀나 평론을 대표하는 최고의 걸작이라고 생각한다.

웃음에 자지러지며 끝없이 읽게 되면서도 돌아볼수록 심오하고 감동적이다.

곽재식 작가

——"그래도 개는 산다" 할리우드 영화를 보면서 재난 영화에 개가 등장하면 누구나 생각하리라. 저 개는 살겠네. 듀나 작가의 〈클리셰 사전〉은 '진부함의 재미'라 부를 수 있을 클리셰를 모은 결과물이다. 무비판적 자기 복제처럼 보이고 실제로 그런 면이 없지 않지만, 클리셰 없이는 어떤 장르든 성립하기 어렵다. 많은 클리셰는 세상의 편견을 반성 없이 가공해 이야기 속에 삽입하기 좋은 캐릭터의 형태를 하고 있기도 하다. 그러니 세상이 바뀌면 클리셰의 맥락도 등장 빈도도 달라지기 마련. 이렇게나 재미있는 사전이라니.

이다혜 〈씨네21〉 기자

여자 주인공만 모른다

재미있는 영화 클리셰 사전

초판 1쇄 2019년 12월 9일
초판 9쇄 2023년 10월 23일

지은이 | 듀나

펴낸이 | 서인석
펴낸곳 | ㈜제우미디어
출판등록 | 제 3-429
등록일자 | 1992년 8월 17일
주소 | 서울시 마포구 독막로 76-1 한주빌딩 5층
전화 | 02-3142-6845
팩스 | 02-3142-0075
홈페이지 | www.jeumedia.com

ISBN 978-89-5952-831-8 / 03680
파본은 구입하신 서점에서 교환해 드립니다.

제우미디어 트위터 | twitter.com/jeumedia
제우미디어 페이스북 | facebook.com/jeumedia

| **만든 사람들** |
출판사업부총괄 | 손대현
편집장 | 전태준
책임편집 | 안재욱
기획 | 홍지영, 장윤선, 박건우, 조병준, 성건우, 오사랑, 서민성
영업 | 김금남, 권혁진
디자인 총괄 | 디자인그룹올